buchners grundwissen geschichte

Das waren Zeiten · Bayern

Neue Ausgabe

C.C. BUCHNER

Buchners Grundwissen Geschichte

Das waren Zeiten · Bayern
Neue Ausgabe

Herausgegeben und bearbeitet von
Dieter Brückner, Harald Focke und Klaus Dieter Hein-Mooren

Dieses Werk folgt der reformierten Rechtschreibung und Zeichensetzung.
1. Auflage [432] 2012 2011 2010
Die letzte Zahl bedeutet das Jahr dieses Druckes.
Alle Drucke dieser Auflage sind, weil untereinander unverändert, nebeneinander benutzbar.

www.ccbuchner.de

Redaktion: Kerstin Schulbert

Umschlag: Artbox Grafik & Satz GmbH, Bremen
(unter Verwendung eines Fotos von Wolfgang Volz von 1995, das den von Christo und Jeanne-Claude verhüllten Reichstag in Berlin zeigt)

Herstellung: Artbox Grafik & Satz GmbH, Bremen

Druck- und Bindearbeiten: creo Druck & Medienservice GmbH, Bamberg

ISBN 978-3-7661-**4450**-8

Inhalt

LERNTIPPS

Vorwort

Liebe Schülerinnen und Schüler,

der Lehrplan für das achtjährige Gymnasium fordert von euch fachliche und methodische Kompetenzen, einfach gesagt Wissen und Können. Dieses Buch ist eine verlässliche Grundlage, um zu Hause den Stoff aus dem Unterricht zu wiederholen und besonders Wichtiges zu vertiefen.
Alle Daten, Begriffe und Namen, die im Lehrplan für die Klassen 6 bis 10 vorkommen, findet ihr hier im GRUNDWISSEN nach Jahrgangsstufen und Themen geordnet.* Kurze Inhaltsangaben der Kapitel wiederholen alle Daten und Fakten, um das Verstehen zu erleichtern und ein bloßes Auswendiglernen des GRUNDWISSENS zu vermeiden.
Daten, Begriffe und Namen sind nummeriert. Das erleichtert Querverweise (↗). So entsteht aus Einzelheiten und Detailwissen schrittweise vernetztes Wissen – die Grundlage für ein tieferes Verständnis der Geschichte.
Um historisches Wissen erkennen, nutzen und anwenden zu können, braucht ihr methodische Grundfertigkeiten. Wir nennen sie Lerntipps und erläutern sie im zweiten Teil dieses GRUNDWISSENS.
Ein abschließendes Register ermöglicht es euch, Begriffe und Namen rasch nachzuschlagen.

Kitzingen, Bassum und Bamberg, im Dezember 2006

Dieter Brückner, Harald Focke
und
Klaus Dieter Hein-Mooren

Vorwort zur neuen Ausgabe

Die neue Ausgabe folgt dem gekürzten und überarbeiteten Grundwissen des Lehrplans von 2008. Außerdem wurden die Zusammenfassungen dem neuen Stand angepasst, die Lerntipps erweitert und Internettipps hinzugefügt.

Kitzingen, Bassum und Bamberg, im September 2008

Dieter Brückner, Harald Focke
und
Klaus Dieter Hein-Mooren

* *Die mit einer Linie gekennzeichneten und in kleiner Schrift gesetzten Abschnitte der Begriffe gehen über den Stoff der Jahrgangsstufe hinaus.*

6 Von den ersten Menschen bis zum Reich der Franken

6.1 Der einzelne Mensch als Teil der Geschichte

1 **Quellen**: alle Texte, Bilder, Gegenstände (Überreste) und mündliche Überlieferungen, aus denen wir Kenntnisse über die Vergangenheit gewinnen können. Sie sind die Grundlagen für die Geschichtsschreibung.*

6.2 Menschen in vorgeschichtlicher Zeit

2 **seit etwa 10 000 v. Chr.** *Menschen bleiben an einem Ort und gründen Siedlungen.*

3 **Altsteinzeit**: erster Abschnitt der Geschichte, der vor etwa 2 Mio. Jahren beginnt. In dieser Zeit lebten die Menschen vom Jagen und Sammeln. Sie lernten, das Feuer zu gebrauchen. Werkzeuge und Waffen fertigten sie aus Stein, Knochen und Holz. Die Altsteinzeit wurde von der ↗ *Jungsteinzeit* **4** abgelöst.

4 **Jungsteinzeit**: Abschnitt der Geschichte, der nach der letzten Eiszeit etwa 10 000 v. Chr. beginnt und in dem sich Menschen von wandernden Sammlern und Jägern (Nomaden) zu sesshaften Ackerbauern und Viehzüchtern entwickelten.

**Zum Umgang mit den verschiedenen Quellengattungen siehe die entsprechenden Lerntipps auf Seite 95 ff.*

Inhalt

Unser Wissen über die Vorgeschichte verdanken wir den Altertumsforschern (Archäologen). Sie werten die nichtschriftlichen ↗ *Quellen* **1** über das Leben der Menschen aus und liefern damit eine Grundlage für die Geschichtsschreibung.

Die Menschen haben von ihren Anfängen vor etwa 2 Mio. Jahren in den Savannen Afrikas bis zur Gegenwart einen langen Weg zurückgelegt. In der ↗ *Altsteinzeit* **3** lebten sie zunächst nur vom Jagen und Sammeln, lernten dann Werkzeuge und das Feuer zu gebrauchen, stellten bald erste Kunstwerke her und entwickelten religiöse Vorstellungen. Dank ihrer Fähigkeiten konnten sie sich an unterschiedliche klimatische Verhältnisse anpassen und fast die ganze Welt besiedeln. Etwa um ↗ *10 000 v. Chr.* (**2**) entdeckten die Menschen, dass sie durch Säen und Ernten von Getreide und Züchten von Tieren auf derselben Fläche mehr Menschen ernähren konnten als durch Jagen und Sammeln. Immer mehr Menschen ließen sich nieder und bauten Häuser. Sie lernten zu töpfern und zu weben. Ein weiterer Entwicklungssprung war die Gewinnung und Verarbeitung von Metallen. Man begann, mit Rohstoffen und fertigen Gütern zu handeln. Die Händler verbreiteten die Kenntnisse über verschiedene Lebens- und Arbeitsformen. Wo die Landwirtschaft viel erbrachte, konnten sich Einzelne spezialisieren (Arbeitsteilung).

Auch das Zusammenleben der Menschen änderte sich in der ↗ *Jungsteinzeit* **4**. Es entstanden kleine Führungsschichten, die über andere Menschen herrschten. Der Wunsch nach Macht und Reichtum ließ Konflikte entstehen. Landwirtschaft, Handwerk und Handel bildeten die Grundlage für die ersten höher entwickelten Kulturen.

6.3 Ägypten – eine frühe Hochkultur

5 **ab 3000 v. Chr.** *In Ägypten werden Schriftzeichen (Hieroglyphen) erfunden und Pyramiden gebaut.*

6 **Hieroglyphen** (griech. *hieros*: heilig; *glyphe*: Eingeritztes): Schriftzeichen der alten Ägypter, die Laute, Buchstaben und Zeichen wiedergeben.

7 **Hochkultur**: eine gegenüber dem einfachen bäuerlichen Leben weiterentwickelte Lebensform. Ihre Kennzeichen sind Städte, große Bauwerke (↗ *Pyramide* **12**), Schrift (↗ *Hieroglyphen* **6**), Verwaltung, Religion, Rechtspflege, Handwerk und Handel. Die ersten Hochkulturen entstanden an den Flüssen Euphrat und Tigris in Mesopotamien (heute Anatolien, Irak und Syrien), am Nil (Ägypten) sowie am Indus in Indien und Hwangho im Norden Chinas.

8 **Judentum**: die Religion des „Volkes Israel" und aller Menschen, die der jüdischen Gemeinschaft durch Geburt oder Glauben angehören. Der jüdische Glaube ist die älteste monotheistische Religion (↗ *Monotheismus* **9**) und beeinflusste ↗ *Christentum* **35** und ↗ *Islam* **37**.

Seit der Zerstörung des Tempels in Jerusalem (70 n. Chr.) besaßen die Juden keinen religiösen Mittelpunkt mehr. Sie lebten in der Diaspora (Zerstreuung) mit verschiedenen Völkern. Erst mit den ↗ *Kreuzzügen* **52** setzte eine feindselige Einstellung gegenüber der jüdischen Minderheit ein. Die Kirche forderte eine Trennung von Christen und Juden; in den Städten wurden erste ↗ *Ghettos* **45** eingerichtet. In den folgenden Jahrhunderten führten Not und Pest zu judenfeindlichen Ausschreitungen. Ende des 19. Jahrhunderts entstand der ↗ *Antisemitismus* **126**. Juden wurden aus rassistischen, religiösen und sozialen Motiven abgelehnt und bekämpft. Im ↗ *„Dritten Reich"* **127** setzten die Nationalsozialisten (↗ *Nationalsozialismus* **133**) ihre antisemitischen Vorstellungen in die Tat um. Ihre Maßnahmen reichten vom Boykott bis zur systematischen Vernichtung (↗ *Holocaust* **129**).

9 **Monotheismus** (griech. *monos*: allein; *theos*: Gott): Glaube an einen einzigen Gott; Beispiele: ↗ *Judentum* **8**, ↗ *Christentum* **35** und ↗ *Islam* **37**. Das Gegenteil zum Monotheismus ist der ↗ *Polytheismus* **11**.

10 **Pharao**: zunächst der Name des Königspalastes; seit dem 2. Jt. v. Chr. einer der Titel des ägyptischen Herrschers. Pharaonen galten als göttlich und waren die weltlichen und geistlichen Oberhäupter der alten Ägypter.

11 **Polytheismus** (griech. *poly*: viel; *theos*: Gott): Glaube an viele Götter. Die alten Ägypter, Griechen und Römer verehrten mehrere Götter. Das Gegenteil des Polytheismus ist der ↗ *Monotheismus* **9**.

12 **Pyramide**: Grabmal über einer quadratischen Grundfläche mit dreieckigen, spitz zulaufenden Seiten. Solche Anlagen wurden zwischen 3000 und 1500 v. Chr. nur für die ↗ *Pharaonen* **10** erbaut, danach konnten auch andere Ägypter Pyramiden errichten lassen. Unabhängig davon entstanden später Tempelpyramiden in Kambodscha (Asien), Mittel- und Südamerika.

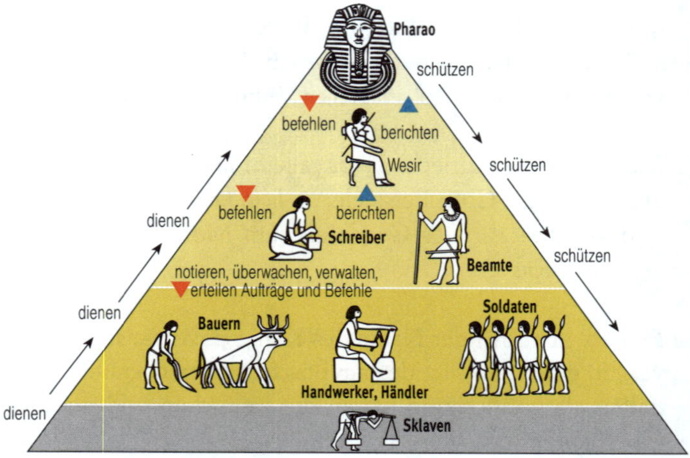

Die Gesellschaft im alten Ägypten.

Inhalt

Der Klimawechsel nach dem Ende der letzten Eiszeit veränderte die Lebensbedingungen gründlich. Die Menschen wichen vor den sich ausbreitenden Wüsten in fruchtbare Flusstäler aus. Doch auch wenn sie dort günstigere Bedingungen für Ackerbau und Viehzucht fanden, konnte die wachsende Zahl der auf engem Raum lebenden Menschen nur überleben, indem sie zusammenarbeiteten, um Dämme zu errichten und das Land zu bewässern.

An der Spitze der in größeren Gruppen lebenden Menschen standen Anführer. Sie hatten die Leitung wichtiger gemeinschaftlicher Aufgaben übernommen und vererbten allmählich ihre Stellung auf ihre Nachkommen. Aus den Anführern wurden im Laufe der Jahrhunderte in Ägypten ↗ *Pharaonen* 10. Ihnen gelang es im 4. Jahrtausend v. Chr., einzelne Siedlungen zu einem Reich zusammenzufassen. Die ägyptischen Pharaonen galten als gottähnlich und waren die obersten Priester. Sie herrschten unumschränkt und mit besonders ausgebildeten Beamten. Das ganze Land galt als Eigentum

des Pharao. Die Einwohner des Reichs mussten Abgaben leisten und wurden zur Errichtung der ↗ *Pyramiden* **12** und Tempel herangezogen.
Die alten Ägypter glaubten an viele Götter (↗ *Polytheismus* **11**). Die Priester waren die Mittler zwischen den Menschen und den Göttern, welche nach damaligem Glauben das ganze Leben bestimmten. Geschenke der Pharaonen und Spenden der Gläubigen verhalfen Priestern und Tempeln zu Reichtum und Macht.
Die Bedeutung der ägyptischen Religion zeigt sich im ausgeprägten Totenkult mit Mumifizierung, Grabmälern und Grabbeigaben. Im Dienst von Pharaonen und Priestern arbeiteten Handwerker und Künstler. Bezahlt wurden sie aus der Kriegsbeute mit Edelmetall, vor allem aber mit den landwirtschaftlichen Überschüssen, die die Bauern abzuliefern hatten.
Eine straffe Verwaltung, Rechtspflege, Schrift (↗ *Hieroglyphen* **6**) sowie Kunst und Handwerk zeigen, dass die Ägypter ↗ *ab 3000 v. Chr.* (**5**) im Vergleich zu den Ackerbauern und Viehzüchtern anderswo oder zu früheren Zeiten große Entwicklungsschritte getan und eine ↗ *Hochkultur* **7** entwickelt haben.
In Palästina hatten um 1000 v. Chr. die Könige David und Salomon die Siedlungsgebiete der hebräischen Stämme zu einem Reich vereinigt, das allerdings bald in die Teilreiche Juda und Israel zerfiel. Der jüdische Glaube an einen einzigen Gott (↗ *Monotheismus* **9**) blieb lebendig. Das ↗ *Judentum* **8** beeinflusste später ↗ *Christentum* **35** und ↗ *Islam* **37**.

6.4 Die griechisch-hellenistische Welt

13 **5. Jh. v. Chr.** *In Athen setzt sich die Herrschaft des Volkes (Demokratie) durch; bedeutende Leistungen in Dichtung und Kunst.*

14 **Antike** (lat. *antiquus*: alt): die Zeit von etwa 1000 v. Chr. bis ins 5. Jh. n. Chr., in der Griechen und Römer den Mittelmeerraum beherrschten. Der damalige Mittelmeerraum wird heute als eine gemeinsame Kulturwelt angesehen.

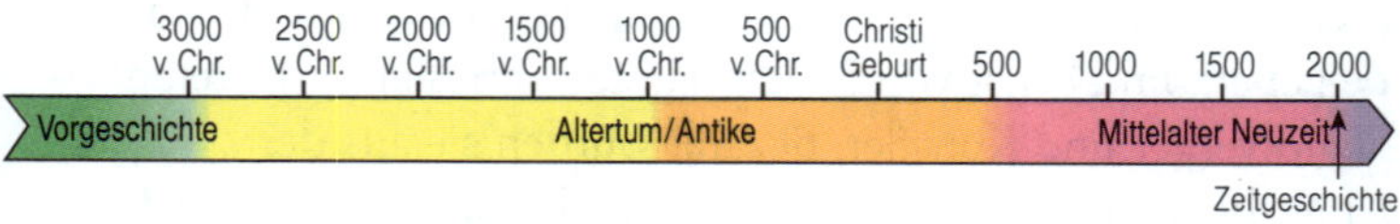

15 **Aristokratie** (griech. *aristokratia*: „Regierung der Besten"): Ordnung des Zusammenlebens in einem Staat, in der die vornehme Abstammung eines Menschen Voraussetzung dafür war, politische Macht ausüben zu können; es herrschte der ↗ *Adel* **43**.

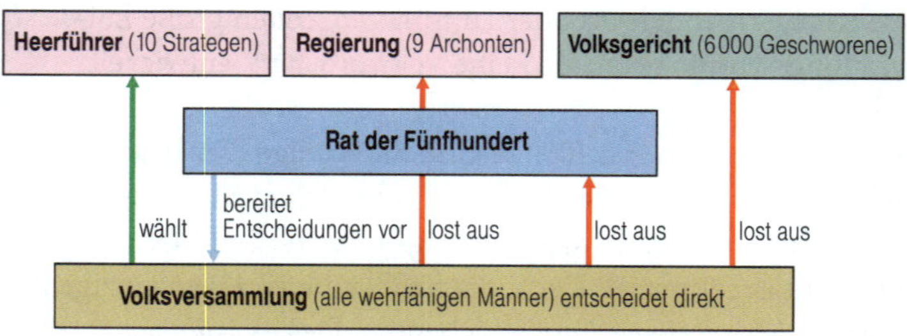

Athen zur Zeit des Perikles.

16 **Demokratie** (griech. *demos*: Volk): Herrschaft des Volkes über sich selbst. In Athen entschied seit Mitte des 5. Jh. v. Chr. bei Wahlen und Abstimmungen die Mehrheit der Stimmen. Alle einheimischen und wehrfähigen Bürger konnten sich an der Regierung und Rechtsprechung direkt beteiligen.

Solche Verhältnisse blieben die Ausnahme. Erst mit der ↗ *Aufklärung* **84** begann die Suche nach neuen Regierungsformen. Die politische

Forderung nach ↗ *Verfassungen* **95** und ↗ *Volkssouveränität* **96** richtete sich gegen die Macht der ↗ *Aristokratie* **15** und ↗ *Monarchie* **30**. In den USA und Frankreich entstanden Ende des 18. Jahrhunderts erstmals politische Einrichtungen, die eine ↗ *Gewaltenteilung* **87** vorsahen und in der vom Volk gewählte Abgeordnete (Repräsentanten) Gesetze und Verträge beraten und beschließen konnten. Die politische Ordnung der Weimarer Republik (↗ *Weimarer Verfassung* **120**) und der Bundesrepublik Deutschland stehen in der Tradition dieser repräsentativen Demokratie.

17 **Hellenismus**: Zeit zwischen dem 3. und 1. Jh. v. Chr., in der die Griechen ihre Politik, Kultur und Sprache über den Mittelmeerraum und Vorderasien verbreiteten.

18 **„Ilias" und „Odyssee"**: In der „Ilias" erzählt der Dichter und Sänger *Homer* aus Kleinasien, der im 8. Jh. v. Chr. lebte, vom Krieg der Griechen gegen Troja, in den auch die Götter eingriffen. In der „Odyssee" berichtet er von den Irrfahrten des Odysseus nach der Eroberung Trojas.

19 **Kolonisation** (von lat. *colere*: Land bebauen): Seit dem 8. Jh. v. Chr. wanderten Griechen aus ihrer Heimat aus. Sie gründeten rund ums Mittelmeer und an den Küsten des Schwarzen Meeres sogenannte Tochterstädte. Gründe für die Kolonisation waren: Bevölkerungswachstum, Landknappheit, Auseinandersetzungen zwischen ↗ *Adel* **43** bzw. ↗ *Aristokratie* **15** und Volk, Kriege, Handel und Abenteurertum.

Nach den Entdeckungen und Eroberungen im 15. und 16. Jahrhundert sowie durch die imperialistische Politik der europäischen Großmächte Ende des 19. Jh. (↗ *Imperialismus* **111**) verstehen wir unter Kolonien abhängige Herrschaftsgebiete. Das ↗ *Deutsche Kaiserreich* **100** verlor im Ersten Weltkrieg (↗ **109**) seine Kolonien.

20 **Olympische Spiele**: Etwa seit dem 11. Jh. v. Chr. gab es im griechischen Olympia regelmäßig Feiern zu Ehren der Götter, zu denen auch Sportwettkämpfe gehörten; ab 776 v. Chr. sind die Namen von Olympiasiegern bekannt. An den „großen Olympiaden“, die bald alle vier Jahre in Olympia stattfanden, durften in der Regel nur wehrfähige Männer teilnehmen. Die Zählung nach Olympiaden wurde in der griechischen ↗ *Antike* **14** als Zeitmaß verwendet.

394 n. Chr. wurden die Olympischen Spiele als heidnischer Brauch verboten. 1896 wurden in Athen erstmals wieder Olympische Spiele veranstaltet.

21 **Polis**: zunächst die griechische Bezeichnung für eine Burg und die dazugehörige Siedlung, ab etwa 800 v. Chr. für einen Ort, der aus einem städtischen Zentrum und Umland bestand. Das Zentrum war geschützter Wohnort, Sitz der Regierung und Mittelpunkt der religiösen Feiern (Tempel). Auf dem Umland wurde die Nahrung für die Einwohner angebaut. Im 5. Jh. v. Chr. gab es rund 700 griechische Stadtstaaten (*Poleis*).

Inhalt

Um 1000 v. Chr. wanderten Völker aus dem Norden nach Griechenland und Kleinasien ein und zerstörten die frühgriechische mykenische Kultur. In der kleinräumigen Landschaft entstanden nach 800 v. Chr. zahlreiche selbstständige Stadtstaaten (↗ *Polis* **21**). Trotz der politischen Zerrissenheit sahen sich die Einwohner Griechenlands aufgrund ihrer gemeinsamen Religion, Sprache und Dichtung (↗ *Ilias und Odyssee* **18** von Homer) als kulturelle Einheit. Das wichtigste Götterfest fand alle vier Jahre im Hain von Olympia zu Ehren Zeus' statt: die ↗ *Olympischen Spiele* **20**.

Die wachsende Bevölkerung und der geringe Ertrag des Bodens zwangen die Griechen seit dem 8. Jh. v. Chr., neues Siedlungsland zu suchen. An den Küsten des Schwarzen Meeres und des Mittelmeeres gründeten sie zahlreiche Tochterstädte (↗ *Kolonisation* **19**).

In Athen wurde die Königs- und Adelsherrschaft (↗ *Aristokratie* **15**) schrittweise verdrängt und im ↗ *5. Jh. v. Chr.* (**13**) unter Perikles eine demokratische Staatsform entwickelt (↗ *Demokratie* **16**). Jeder Vollbürger Athens war aufgefordert, sich am politischen Leben sowie an der Rechtsprechung zu beteiligen. Keine Bürgerrechte standen allerdings den Frauen zu, die zurückgezogen im häuslichen Wirkungskreis lebten. Zu den Nichtbürgern Athens zählten die fremden Mitbewohner (Metöken) sowie die Sklaven.

Als der persische Großkönig seine Macht auf Europa ausdehnen wollte, wehrten die griechischen Stadtstaaten unter Führung Athens den Angriff durch ihre Siege bei Marathon und Salamis ab. Im 4. Jh. v. Chr. geriet ganz Griechenland unter den Einfluss Philipps II. von Makedonien. Dessen Sohn Alexander nutzte die innere Schwäche des persischen Großreiches und eroberte es vollständig. Er schuf damit die Voraussetzungen für den ↗ *Hellenismus* **17**, für die Verbreitung der griechischen Kunst und Kultur in der ↗ *Antike* **14**.

6.5 Das Imperium Romanum

22 **753 v. Chr.** — *Rom wird der Sage nach gegründet.*

23 **1. Jh. v. Chr.** — *Die Herrschaftsordnung ändert sich: Die Republik wird allmählich eine Monarchie.*

24 **um Christi Geburt** — *Das Zeitalter des Augustus.*

25 **Augustus** (63 v.–14 n. Chr.): Octavian, der Adoptivsohn Caesars, wurde nach 31 v. Chr. in Rom „der erste Mann im Staat" (lat. *princeps*) und herrschte fast unumschränkt. Der ↗ *Senat* **33** verlieh ihm 27 v. Chr. wegen seiner Verdienste den Ehrentitel Augustus (der „Erhabene"). Augustus vererbte seine Macht in seiner Familie. Damit begann die ↗ *Kaiserzeit* **27**. Der Monat August wurde nach ihm benannt. Spätere Kaiser übernahmen die Bezeichnung „Augustus" in ihren Kaisertitel.

26 **Diktator** (lat. *dictator*: der, der zu sagen hat): Um Notlagen zu überwinden, konnte in der Römischen Republik (↗ *Republik* **32**) einer der beiden höchsten Beamten (↗ *Konsul* **28**) für sechs Monate allein regieren; ihm mussten sich alle fügen.
In der ↗ *Neuzeit* **69** werden Herrscher, die allein die Macht im Staat haben, Diktatoren genannt. Zu den schlimmsten Diktatoren des 20. Jahrhunderts zählt Adolf Hitler, der den nationalsozialistischen Staat (↗ *„Drittes Reich"* **127**; ↗ *Nationalsozialismus* **133**) nach der ↗ *„Machtergreifung"* **131** diktatorisch regierte, den Zweiten Weltkrieg auslöste (↗ **124**) und mitverantwortlich für den ↗ *Holocaust* **129** war.

27 **Kaiserzeit**: die von ↗ *Augustus* **25** begründete Zeit, in der das Römische Reich von einem Herrscher regiert wurde. Im Westen endete die Kaiserzeit mit dem Auseinanderfallen des Weströmischen Reiches im Jahre 476, im Osten mit dem Untergang des Oströmischen/Byzantinischen Reiches im Jahre 1453.

28 **Konsul** (lat. *consul*): einer von jeweils zwei Inhabern des höchsten Staatsamtes in der Römischen Republik (↗ *Republik* 32). Sie wurden für ein Jahr gewählt und besaßen im Krieg den Oberbefehl über die Armee. In der ↗ *Kaiserzeit* 27 ernannten die Kaiser die Konsuln; sie hatten keine Rechte mehr.

Seit der ↗ *Neuzeit* 69 sind Konsuln auch Vertreter eines Staates in einem anderen Land und überwiegend mit wirtschaftlichen Aufgaben betraut.

29 **Limes** (lat. *limes*: die Grenze): die durch Wälle, Palisaden oder Mauern und Wachtürme gesicherte Grenze des Römischen Reiches, hinter der militärische Befestigungsanlagen (*Kastelle*) lagen. Auf germanischem Gebiet wurde Ende des 1. Jh. n. Chr. mit dem Bau des insgesamt 550 km langen Limes begonnen. Der nördliche (*obergermanische*) Teil verlief etwa von Andernach (bei Koblenz) bis Seligenstadt, der südliche (*rätische*) von Miltenberg bis Eining (bei Kelheim).

30 **Monarchie** (griech. *mon-archia*: Allein-Herrschaft): Königsherrschaft, Regierung eines ↗ *Königs* 51 oder ↗ *Kaisers* 49 (↗ *Kaiserzeit* 27). Monarch wurde man in der Regel durch Erbfolge oder Wahl.

Im Zeitalter des ↗ *Absolutismus* 73 erreichte die monarchische Regierungsform ihre größte Verbreitung in Europa. Mit der ↗ *Aufklärung* 84 setzte sich die Forderung nach einer ↗ *konstitutionellen Monarchie* 76 zunächst in England und dann auch auf dem europäischen Kontinent durch. Die Novemberrevolution von ↗ *1918* (115) führte zum Ende der Monarchie im Deutschen Reich.

31 **Patrizier** (lat. *patres*: „Väter"): die Nachkommen der ältesten adligen Familien, die zu Beginn der Römischen Republik (↗ *Republik* 32) allein regierten (↗ *Adel* 43, ↗ *Aristokratie* 15). Sie übernahmen die wichtigsten Staatsaufgaben und stellten die Priester. Gegen ihre Macht kämpften seit dem 5. Jh. v. Chr. die Plebejer, also die römischen Bürger, die keine Patrizier waren.

Sie bekamen erst Ende des 3. Jh. v. Chr. nach den sogenannten „Ständekämpfen" dieselben Rechte wie die Patrizier.

In Anlehnung an die römischen Patrizier wurden die angesehenen und reichen Familien in den mittelalterlichen Städten (↗ *Mittelalter* **38**) Patrizier genannt. Sie stellten zunächst allein die Mitglieder des Rates und besaßen die politische Führung in den Städten (↗ *Stadtrecht* **57**).

32 **Republik** (lat. *res publica*: öffentliche Angelegenheit): Staatsform mit jährlich wechselnder Regierung hoher Beamter, die nach der Vertreibung der etruskischen Könige in Rom um 500 v. Chr. entstand. Mit ↗ *Augustus* **25** verloren Beamte, ↗ *Senat* **33** und Volksversammlung an Einfluss, die ↗ *Kaiserzeit* **27** begann.

Heute bezeichnet man als Republik einen Staat, der keine ↗ *Monarchie* **30** ist. In der Regel erfüllt eine Republik heute folgende Voraussetzungen: ↗ *Verfassung* **95**, ↗ *Parlament* **77**, ↗ *Gewaltenteilung* **87** und Vergabe öffentlicher Ämter durch Wahlen.

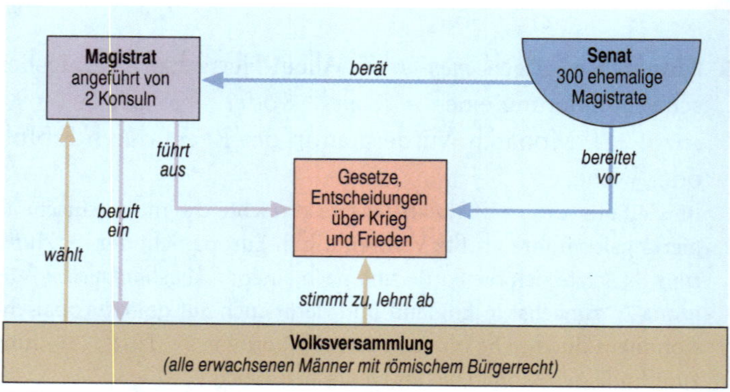

Politische Einrichtungen der Römischen Republik.

33 **Senat** (lat. *senatus*: Rat erfahrener Politiker): Seine Mitglieder bestimmten die Politik. Senatoren stammten vor allem aus adligen Familien (↗ *Patrizier* **31**) und waren vorher Regierungsbeamte.

Seit dem ↗ *Mittelalter* **38** werden Regierungen freier Städte Senat genannt (bis heute in Bremen, Hamburg und Berlin). In den Vereinigten

Staaten von Amerika ist der Senat die zweite Kammer des Kongresses; er besteht aus je zwei vom Volk gewählten Vertretern der Einzelstaaten.

Inhalt

Unter der Herrschaft etruskischer Könige entwickelte sich Rom, das der Sage nach ↗ *753 v. Chr.* (**22**) gegründet wurde, zu einem bedeutenden Stadtstaat. Nach dem Sturz der Könige wurde Rom um 500 v. Chr. ↗ *Republik* **32**. Anfangs regierten die ↗ *Patrizier* **31** allein und übernahmen die höchsten Staatsämter (↗ *Konsul* **28**). Im Verlauf der Ständekämpfe trotzten die Plebejer ihnen schrittweise Rechte ab.
Bis zum 3. Jh. v. Chr. erkämpften sich die Römer die Herrschaft über Italien. Sie gründeten Kolonien und sicherten ihre Macht mithilfe von Bundesgenossen. Sie unterwarfen ihre Nachbarn, die Griechen und im 2. Jh. v. Chr. fast alle Länder am Mittelmeer. Sie machten diese Gebiete zu römischen Provinzen. Die Grenzen des Römischen Reiches sicherten die Römer seit dem 1. Jh. zum Teil durch den Bau des ↗ *Limes* **29**.
Im ↗ *1. Jh. v. Chr.* (**23**) änderte sich die Herrschaftsordnung. Die Republik wurde allmählich eine ↗ *Monarchie* **30**. Dazu trug Caesar bei. Er eroberte Gallien und andere Gebiete, wurde zum ↗ *Diktator* **26** auf Lebenszeit ernannt und leitete zahlreiche Reformen ein. Anhänger der alten Republik ermordeten ihn im Jahre 44 v. Chr. Die nun folgenden Bürgerkriege um Caesars Nachfolge beendete ↗ *Augustus* **24/25**. Er regierte das Weltreich wie ein ↗ *König* **51**, ließ aber die republikanischen Einrichtungen (↗ *Senat* **33**, Magistrate und Volksversammlungen) bestehen. Da Augustus seine Herrschaft vererben konnte, wurde er zum Begründer der ↗ *Kaiserzeit* **27**.

6.6 Von der Antike zum Mittelalter

34 **um 500** *Das Weströmische Reich zerfällt, das Reich der Franken entsteht.*

35 **Christentum**: die Anhänger der auf Jesus Christus zurückgehenden monotheistischen Religion (↗ *Monotheismus* 9). Im römischen Weltreich wurde das Christentum nach 391 n. Chr. zur alleinigen ↗ *Staatsreligion* 40.

Das Christentum teilte sich im ↗ *Mittelalter* 38 in einen katholischen und griechisch-orthodoxen Bereich auf. Die von ↗ *Luther* 68 eingeleitete ↗ *Reformation* 70 führte in der ↗ *Neuzeit* 69 zu einer weiteren Glaubensspaltung der Christen.

36 **Dreiteilung der Mittelmeerwelt**: Die ehemals von den Römern beherrschte Mittelmeerwelt zerfiel in drei Teile: Im Osten entstand im 4. Jh. das Byzantinische Reich, im Westen ↗ *um 500* (34) das Frankenreich und in Nordafrika und Spanien übernahmen die Muslime (↗ *Islam* 37) im 7./8. Jh. die Macht.

37 **Islam**: von Mohammed Anfang des 7. Jh. gegründete monotheistische Religion (↗ *Monotheismus* 9). Das arabische Wort Islam bedeutet die Hingabe der Gläubigen an ihren Gott Allah. Nur wer ihm sein Leben widmet, gilt als Muslim.

38 **Mittelalter**: in der europäischen Geschichte die Zeit zwischen ↗ *Antike* 14 und ↗ *Neuzeit* 69: ca. 500 bis 1500. Der im 16. Jahrhundert entstandene Begriff bezeichnet die Zeit zwischen dem Untergang der Antike und ihrer Wiedergeburt (↗ *Renaissance* 71). ↗ *Grundherrschaft* 46, ↗ *Lehnswesen* 53 und ↗ *Christentum* 35 in Form der römisch-katholischen Kirche prägten die frühmittelalterliche Gesellschaft, an deren Spitze im Deutschen

Reich der ↗ *Kaiser* **49** stand. Kennzeichen des Hochmittelalters sind die zahlreichen Stadtgründungen (↗ *Reichsstadt* **55**, ↗ *Stadtrecht* **57**) und der Herrschaftsanspruch der Kirche. Das Spätmittelalter und der Übergang zur Neuzeit sind geprägt von der Renaissance, der Entdeckung Amerikas, Erfindungen wie dem Buchdruck und dem Ende der Glaubenseinheit im Reich (↗ *Reformation* **70**).

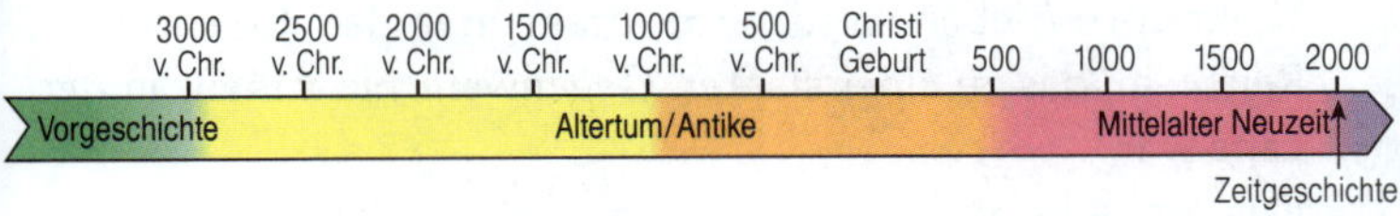

39 **Mönchtum** (griech. *monachos*: allein lebend): Menschen, die ein religiös bestimmtes Leben führen wollen, werden Mönche oder Nonnen. Sie verpflichten sich, arm, ehelos und gehorsam zu leben und ihr Leben Gott zu widmen. Grundlage des abendländischen Mönchtums sind die im 6. Jh. von Benedikt von Nursia zusammengestellten Ordensregeln. Ihr Ziel ist es, Gebet und Arbeit zu verbinden (lat. *ora et labora*: bete und arbeite). Die Benediktiner-Regel prägte das gesamte Mönchtum, auch wenn später weitere Orden hinzukamen.

40 **Staatsreligion**: die von den Herrschern für ihre Untertanen festgelegte Form des Glaubens. Ende des 4. Jh. wurde das ↗ *Christentum* **35** im römischen Weltreich zur Staatsreligion erklärt.

Inhalt

Zur Zeit der Römer kam es zu Verfolgungen der Christen, da sie den ↗ *Polytheismus* **11** und den Herrscherkult ablehnten. Unter Kaiser Theodosius wurde das ↗ *Christentum* **35** 391 n. Chr. alleinige ↗ *Staatsreligion* **40**.

Während der Völkerwanderung verließen immer mehr Menschen ihre Heimat in Nord- und Ostmitteleuropa. Sie suchten nach besseren Lebensverhältnissen oder waren von anderen Völkern vertrieben worden. Sie drangen in das Römische Reich ein, das zu einer starken Gegenwehr nicht mehr in der Lage war.

Das römische Weltreich zerfiel nach 395 n. Chr. in ein Oströmisches und ein Weströmisches Reich. Im Osten wurde Konstantinopel zum „zweiten" Rom. Der Versuch des oströmischen Kaisers Justinian, die alte Einheit des Reiches wiederherzustellen, scheiterte. Im Oströmischen Reich (Byzanz) unterstand die griechisch-orthodoxe Kirche dem ↗ *Kaiser* **49**. Im Weströmischen Reich hatte der Bischof von Rom die Schwäche der Staatsgewalt genutzt und große Macht erworben.

Als Papst beanspruchte er die Führung aller Christen. ↗ *Um 500* (**34**) zerfiel auch das Weströmische Reich und das Reich der Franken entstand. In dieser Zeit des Umbruchs entwickelte das ↗ *Mönchtum* **39** seine besondere Bedeutung. Es trug dazu bei, dass die antike Kultur (↗ *Antike* **14**) im ↗ *Mittelalter* **38** fortlebte und das Christentum verbreitet wurde.

Anfang des 7. Jh. verkündete Mohammed auf der arabischen Halbinsel eine neue Religion, den ↗ *Islam* **37**. Er und seine Nachfolger herrschten schließlich über ein Gebiet, das sich von Spanien bis Indien erstreckte. Damit war die ehemals allein von den Römern beherrschte Mittelmeerwelt in drei Teile zerfallen (↗ *Dreiteilung der Mittelmeerwelt* **36**).

7 Vom Mittelalter bis zum Absolutismus

7.1 Die mittelalterlichen Grundlagen Europas

41 **800** *Der Papst krönt Karl den Großen in Rom zum Kaiser.*

42 **1077** *Heinrich IV. leistet dem Papst Buße vor der Burg Canossa; Höhepunkt des Investiturstreits.*

43 **Adel**: in der ↗ *Antike* **14** die herrschende Schicht; in der Römischen Republik z.B. die ↗ Patrizier **31**. Die herausgehobene Stellung des Adels in der Gesellschaft beruhte auf Leistungen im Krieg, Herkunft aus einer besonderen Familie oder Besitz über Land und Leute.
Im ↗ *Mittelalter* **38** war der Adel (althochdeutsch *adal*: Geschlecht) eine Gruppe von Familien, die aufgrund von Geburt, Besitz oder Leistung eine höhere Stellung einnahmen. Von der Bevölkerungsmehrheit grenzte er sich durch Vorrechte, Umgangsformen und Kleidung ab. Zum niederen Adel gehörten die ↗ *Ritter* **56** und (ursprünglich unfreien) Dienstmannen (Ministerialen) der ↗ *Könige* **51**. Zum Hochadel zählten ↗ *Herzöge* **47** und die Vertreter der Könige in einem Amtsbezirk, die Grafen. Die Herrscher nahmen sich das Recht, verdiente Personen in den Adelsstand zu erheben.

Seit dem 14. Jahrhundert konnte der Adelsstand durch einen Adelsbrief des ↗ *Kaisers* **49** verliehen werden: „Briefadel" im Gegensatz zum Uradel. Im Verlauf der Novemberrevolution von ↗ *1918* (**115**) wurden in Deutschland alle Adelsvorrechte aufgehoben. Adelsbezeichnungen gelten nur noch als Bestandteil des Namens und werden nicht mehr verliehen.

44 **Bürger**: alle freien Einwohner einer Stadt, die das Bürgerrecht besaßen und damit am politischen und sozialen Leben der Stadt teilnehmen durften. Das Bürgerrecht war im ↗ *Mittel-*

alter 38 erblich. Es beruhte auf städtischem Grundbesitz. Kein Bürgerrecht hatten Gesellen, Gesinde, Arme und Juden (seit dem 12./13. Jh.).

45 **Ghetto**: Bezeichnung für ein von anderen Stadtteilen abgetrenntes Wohngebiet. Judenviertel gab es bereits in der Spätantike. 1170 wurde von der Kirche die räumliche Trennung von Juden (↗ *Judentum* 8) und Christen (↗ *Christentum* 35) beschlossen. Sie wurde zunächst kaum befolgt. Das erste Ghetto im Deutschen Reich entstand 1462 in Frankfurt am Main. Die Bezeichnung stammt aus Venedig, wo die Juden seit 1516 im Stadtteil „Ghetto Nuovo" wohnen mussten.

Nach dem Einmarsch deutscher Truppen im Jahre 1939 in Polen (↗ 124) und 1941 in die Sowjetunion wurden in allen größeren Städten Ghettos errichtet. Darin wurde die enteignete jüdische Bevölkerung eines Gebietes gefangen gehalten und zur Arbeit für die deutschen Besatzer gezwungen. Viele Ghettobewohner starben an Hunger und Krankheit. Die Überlebenden wurden ab 1941 in die ↗ *Konzentrations- und Vernichtungslager* 130 deportiert und damit Opfer des ↗ *Holocaust* 129.

46 **Grundherrschaft**: Herrschaft über Land und Leute. Die Grundherren übergaben Teile ihres Landbesitzes an Bauern zur Nutzung. Diese mussten ihnen dafür einen Teil der Erträge abliefern und Dienste leisten. Die Grundherren gewährten den Bauern Schutz und Hilfe und durften über sie bei einfachen Straftaten richten. Die größten Grundherren waren bis ins 18./19. Jh. die ↗ *Könige* 51, der ↗ *Adel* 43 und die Kirche.

47 **Herzog** (lat. *dux*): bei den germanischen Völkerschaften (Stämmen) der Anführer der Krieger: der, der in der Schlacht vor dem Heer zog. Seit dem 7. Jh. schafften es einige dieser Heerführer, ihre besondere Stellung im Frieden beizubehalten und an ihre Nachfahren zu vererben. Sie konnten später zum Teil große Macht erreichen, blieben aber dem ↗ *König* 51 zu Heeresfolge verpflichtet.

48 **Investiturstreit**: Investitur (von lat. *investire*: bekleiden): ↗ *Kaiser* **49** und Päpste stritten sich im 11./12. Jh. darüber, wer die Bischöfe, Äbte und Äbtissinnen in ihre Besitzrechte und geistlichen Aufgaben einsetzen durfte. Der Investiturstreit war ein Machtkampf um die ↗ *Reichskirche* **54**. Er endete im *Heiligen Römischen Reich** mit dem „Wormser Konkordat" (1122). Darin verzichtete der Kaiser auf die Investitur der Bischöfe, Äbte und Äbtissinnen in ihr geistliches Amt. Er behielt sich aber vor, ihnen die weltlichen Vasallenpflichten zu übertragen.

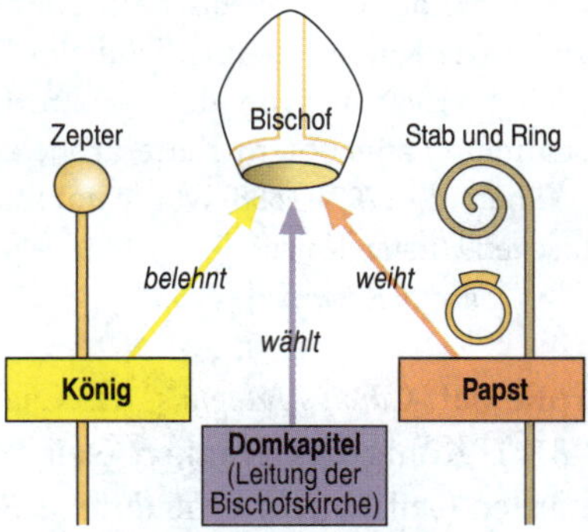

Wormser Konkordat 1122.

49 **Kaiser**: höchster weltlicher Herrschertitel. Der Begriff ist abgeleitet von dem Namen Caesar, der Bestandteil des Titels der Herrscher des Römischen Reiches seit ↗ *Augustus* **25** war (↗ *Kaiserzeit* **27**). Das abendländische Kaisertum wurde von ↗ *Karl dem Großen* **50** in Konkurrenz zum byzantinischen Kaisertum geschaffen. Das Recht, einen Kaiser zu krönen, blieb bis ins Spätmittelalter den Päpsten vorbehalten. Mit der Kaiserkrönung Ottos I. 962 wurde das Kaisertum auf das *Heilige Römische Reich** übertragen. Kaiser wurde, wer zum deutschen ↗ *König* **51** gewählt worden war (↗ *„Goldene Bulle"* **59**). Haupt-

**Zum „Heiligen Römischen Reich" siehe die Anmerkungen zu der Karte auf Seite 132.*

aufgabe des Kaisers war der Schutz der Kirche und die Erhaltung der Einheit des ↗ *Christentums* **35**.

Die ↗ *Reformation* **70** und die Glaubensspaltung ließen diese Aufgaben der Kaiser in den Hintergrund treten. Der letzte vom Papst gekrönte Kaiser war *Karl V.* (1500–1558). Trotzdem bemühten sich die deutschen Könige um den Titel des Römischen Kaisers. Noch vor Ende des *Heiligen Römischen Reiches Deutscher Nation* 1806 schuf ↗ *Napoleon Bonaparte* **92** (1769–1821) 1804 ein erbliches Kaisertum der Franzosen (↗ *Kaisertum Napoleons* **88**). Gleichzeitig verzichtete Kaiser *Franz II.* (1768–1835) auf die römische Kaiserwürde und errichtete das österreichische Kaisertum 1804. Der preußische König Friedrich Wilhelm IV. (1795–1861) lehnte 1849 die von der Frankfurter Nationalversammlung angebotene Kaiserkrone ab. Sein Bruder Wilhelm I. (1797–1888) wurde mit Billigung der deutschen Fürsten Kaiser des ↗ *1871* (**97**) gegründeten ↗ *Deutschen Kaiserreiches* **100**.

50 **Karl der Große** (lat. *Carolus Magnus*, frz. *Charlemagne*; 748–814): König der Franken (seit 768) und Langobarden (seit 774). Er erneuerte ↗ *800* (**41**) das weströmische Kaisertum (↗ *Kaiser* **49**), unterwarf die Sachsen, erweiterte das Reich gegen die muslimischen Araber (↗ *Islam* **37**) in Spanien und gliederte Bayern in seinen Herrschaftsbereich ein. Karl der Große förderte Bildung, Wissenschaft und Kunst.

51 **König**: Herrschertitel; der König regiert und/oder repräsentiert eine ↗ *Monarchie* **30**. Im frühen ↗ *Mittelalter* **38** wurde er von einer adligen Führungsschicht (↗ *Adel* **43**) gewählt, auch wenn die Wahl oft nur die Weitergabe des Titels an einen Erben bestätigte. Seit dem 14. Jh. regelte die ↗ *„Goldene Bulle“* **59** das Wahlverfahren im Reich. Könige herrschten im frühen Mittelalter zunächst über eine Gruppe von Menschen (*Personenverband*) und erst später über ein Gebiet (↗ *Territorialstaat* **62**).

52 **Kreuzzug**: bewaffnete Pilgerfahrt, die die Kirche im ↗ *Mittelalter* **38** zur Ausbreitung des Glaubens und zur Befreiung der heiligen Stätten forderte. Der erste Kreuzzug begann im Jahre 1096, um die Muslime (↗ *Islam* **37**) aus Jerusalem zu vertreiben, der siebte endete 1291. Der Name wird von dem Kreuz abgeleitet, mit dem sich die Teilnehmer kennzeichneten.

53 **Lehnswesen**: Als Gegenleistung für die Unterstützung von Kriegszügen (↗ *Ritter* **56**) oder für Dienste verliehen ↗ *Könige* **51** und andere Adlige (↗ *Adel* **43**) an Gefolgsleute Grundbesitz, einträgliche Ämter oder Vorrechte als Lehen. Wer sie vergab, hieß Lehnsherr, wer sie erhielt, Vasall. Die Lehnsherren mussten ihre Vasallen beschützen, die Vasallen schuldeten ihnen Dienste, Rat und Treue. Als Lehen erhaltenen Grundbesitz verwalteten und nutzten Vasallen überwiegend in Form der ↗ *Grundherrschaft* **46**.

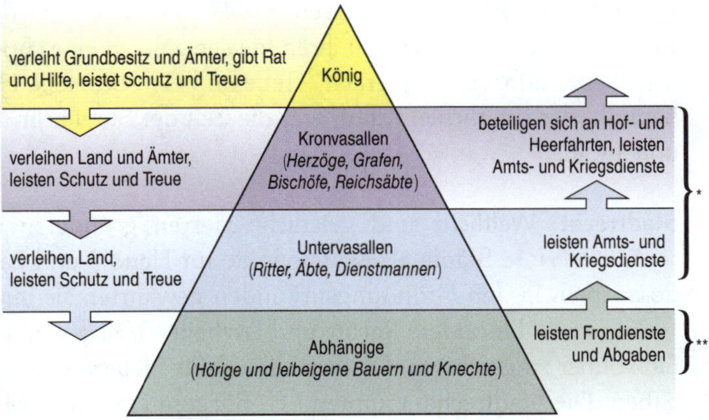

Aufbau der mittelalterlichen Gesellschaft.

**Lehnswesen*

***Grundherrschaft*

54 **Reichskirche**: Die deutschen ↗ *Könige* **51** bemühten sich im frühen ↗ *Mittelalter* **38**, die Kirche in den Dienst des Reiches zu stellen. Sie setzten dazu Bischöfe, Äbte und Äbtissinnen in

ihre Ämter ein (*Investitur*) und übertrugen ihnen Land aus dem Königsgut als Lehen (↗ *Lehnswesen* **53**). Diese hatten damit nicht nur geistliche Aufgaben zu erfüllen, sondern auch weltliche. Sie waren zu Diensten und Heeresfolge im Reich verpflichtet. Im 11./12. Jh. trug der ↗ *Investiturstreit* **48** zum Zerfall dieser Verhältnisse bei.

55 **Reichsstadt**: Stadt, die vom ↗ *König* **51** auf königlichem Grundbesitz oder auf Reichsland gegründet wurde. Die Reichsstädte waren anders als Landstädte nur dem König bzw. ↗ *Kaiser* **49** unterstellt, also reichsunmittelbar. Reichsstädte waren z.B. Augsburg, Frankfurt am Main, Hamburg, Nürnberg und Regensburg. Ihre besondere Stellung verloren sie erst beim Untergang des *Heiligen Römischen Reiches Deutscher Nation** ↗ *1806* (**80**).

56 **Ritter**: Sie gehörten zum niederen ↗ *Adel* **43** und leisteten den Waffendienst auf Pferden. Zu ihren Idealen zählten eine christliche Lebensführung, Tapferkeit, Treue und Gerechtigkeit. Höhepunkt der ritterlichen Kultur war die Zeit der Staufer im 12. und 13. Jh.

57 **Stadtrecht**: Weltliche und geistliche Herren gründeten im ↗ *Mittelalter* **38** Städte als Mittelpunkte für Handel und Landesausbau. In den Gründungsurkunden gewährten sie ihren ↗ *Bürgern* **44** besondere Rechte und Freiheiten (*Privilegien*), um Einwohner zu gewinnen. Diese zahlten dafür Steuern und Abgaben. Die Stadtrechte räumten den Bürgern ein hohes Maß an Selbstverwaltung und Rechtsprechung ein.

**Zum „Heiligen Römischen Reich" siehe die Anmerkungen zu der Karte auf Seite 132.*

Inhalt

Im 8. Jh. ging die fränkische Königswürde von den Merowingern auf die Karolinger über. Sie erhielten dabei die Unterstützung der römischen Kirche. Seine größte Ausdehnung und Macht erreichte das Reich der Franken unter ↗ *Karl dem Großen* **50**, der ↗ *800* (**41**) zum (weströmischen) ↗ *Kaiser* **49** gekrönt wurde. Zum Reich der Franken gehörte auch das Stammesherzogtum Bayern. 787 hatte sich ↗ *Herzog* **47** Tassilo aus dem Hause der Agilolfinger Karl dem Großen unterwerfen müssen. Nach Karls Tod wurde das Reich der Franken im 9. Jh. geteilt. Otto I. wurde 962 vom Papst zum Kaiser gekrönt und erneuerte damit das von Karl dem Großen begründete abendländische Kaisertum.

Durch den Ausbau der ↗ *Reichskirche* **54** sicherte er seine Herrschaft über das Reich. Ein Höhepunkt des ↗ *Investiturstreits* **48** war Heinrichs IV. „Gang nach Canossa" im Jahre ↗ *1077* (**42**). Das Wormser Konkordat beendete den Konflikt. Der ↗ *König* **51** verzichtete auf die Einsetzung der Bischöfe und Äbte in ihr geistliches Amt. Er behielt sich aber die Übergabe der weltlichen Rechte und Pflichten vor.

Die mittelalterliche Gesellschaft gliederte sich in drei Stände: die Geistlichkeit, den ↗ *Adel* **43** und die Bauern/↗ *Bürger* **44**. Diese Ordnung bzw. das ↗ *Ständewesen* **63** galt als gottgewollt.

↗ *Grundherrschaft* **46** und ↗ *Lehnswesen* **53** bildeten die Grundlagen der Herrschaft über Land und Leute. Aus adligen und nicht-adligen Kämpfern zu Pferd wurde der Ritterstand. Im Hochmittelalter (11.–13. Jh.) verherrlichten die ↗ *Ritter* **56** Heldentum, christlichen Lebenswandel und das Werben um die Zuneigung einer Dame (Minne).

Die Eroberung der heiligen Stätten durch die Muslime (↗ *Islam* **37**) veranlasste die Päpste, zu ↗ *Kreuzzügen* **52** aufzurufen. Die abendländische Kunst und Kultur erhielt durch den Kontakt mit der arabischen Welt viele Anregungen.

Im 12. Jh. leiteten Könige, Fürsten und Bischöfe eine Welle von Stadtgründungen ein. Eine besondere Stellung nahmen die ↗ *Reichsstädte* **55** ein, die dem Kaiser unterstanden. Die Stadtherren gewährten der städtischen Führungsschicht (Patrizier) mehr Rechte als den übrigen Einwohnern (↗ *Stadtrecht* **57**). Erst später bestimmten in vielen Städten Patrizier und Zünfte die Politik.

Zu den Schattenseiten dieser Zeit gehören neben den Kreuzzügen die Verfolgung und Ausgrenzung der Juden (↗ *Judentum* **8**) in ↗ *Ghettos* **45** sowie der Kampf der Kirche gegen die Ketzer.

7.2 Die Herausbildung der frühneuzeitlichen Staatenwelt

58 **1453** *Die Osmanen erobern die Hauptstadt des Byzantinischen Reiches; aus Konstantinopel wird Istanbul.*

59 **„Goldene Bulle"**: Dieses Reichsgesetz von 1356 legte das Verfahren für die Wahl des ↗ *Königs* **51** und ↗ *Kaisers* **49** des *Heiligen Römischen Reiches** fest. So musste z. B. die Königswahl „binnen Jahr und Tag" nach dem Tod eines Königs stattfinden. König sollte derjenige sein, der bei der Wahl die meisten Stimmen der ↗ *Kurfürsten* **60** erhielt. Die „Goldene Bulle" war als „Reichsgrundgesetz" ein wichtiger Teil der ↗ *Verfassung* **95** des *Heiligen Römischen Reiches Deutscher Nation* bis zu dessen Ende im Jahr ↗ *1806* (**80**).

60 **Kurfürsten**: die Fürsten, die nach der ↗ *„Goldenen Bulle"* **59** den ↗ *Kaiser* **49** des *Heiligen Römischen Reiches** „küren" (wählen) durften. Im 13. Jh. gab es sieben Kurfürsten: die Erzbischöfe von Köln, Mainz und Trier, der Pfalzgraf bei Rhein, der Markgraf von Brandenburg, der Herzog von Sachsen und der König von Böhmen.

61 **Ostsiedlung**: die Vergrößerung und christliche Missionierung (↗ *Christentum* **35**) des deutschen Siedlungsraumes zwischen dem 11. und 14. Jh. über Elbe und Saale hinaus nach Osten. Der „Deutsche Orden" schuf dort mit den Siedlern einen funktionierenden Ordensstaat.

**Zum „Heiligen Römischen Reich Deutscher Nation" siehe die Anmerkungen zu der Karte auf Seite 132.*

62 **Territorialstaat** (lat. *territorium*: Gebiet): Herrschaftsgebiet (*Territorium*), über das ein Landesherr ohne Einmischung eines anderen Herrn regierte. Die Landesherren waren allerdings im ↗ *Mittelalter* **38** auf die Zustimmung der Stände (↗ *Ständewesen* **63**), d.h. des ↗ *Adels* **43**, des Klerus (Vertreter der Klöster) und der Städte (↗ *Bürger* **44**), angewiesen, um ihre Kriege und aufwändige Hofhaltung bezahlen zu können. Sie versammelten die Ständevertreter daher auf Landtagen und gaben ihnen Mitspracherechte, versuchten aber, ihren Einfluss gering zu halten (↗ *Parlament* **77**).

63 **Ständewesen**: Herkunft und Abstammung (Geburt) gliederten die mittelalterliche Gesellschaft in die drei Stände ↗ *Adel* **43**, Klerus (Geistliche) und ↗ *Bürger* **44**. Diese Stände unterschieden sich durch ihre Pflichten, Vorrechte (*Privilegien*) und gesellschaftlichen Aufgaben (Beruf) sowie durch ihre Lebensführung. Vertreter der Stände beanspruchten ein Mitspracherecht sowohl gegenüber dem Landesherrn (↗ *Territorialstaat* **62**) als auch gegenüber dem ↗ *König* **51** bzw. ↗ *Kaiser* **49**.

Inhalt

Die Normannen eroberten 1066 England und errichteten eine starke Erbmonarchie. Als 1154 die englische Krone an Heinrich II. vererbt wurde, regierte er auf der Insel und dem Kontinent. Konflikte mit dem französischen ↗ *König* **51**, dem Papst und dem ↗ *Adel* **43** schwächten die englische Krone. 1215 musste Johann I. „ohne Land" dem Adel in der „Magna Charta" alte Rechte bestätigen und allen königlichen Lehnsnehmern (↗ *Lehnswesen* **53**) ein Mitspracherecht bei Steuererhebungen zubilligen.

In Frankreich setzten die Kapetinger, die seit 987 die Könige stellten, die Erbmonarchie durch. Durch Heirat, Kauf und Eroberung konnten sie ihren Kronbesitz vergrößern. Die Konflikte mit dem Papst führten dazu, dass der französische König zur Sicherung seiner Macht 1302 erstmals eine Ständeversammlung (↗ *Ständewesen* **63**) einberief. Als 1328 die Kapetinger ausstarben, entstand ein über hundert Jahre dauernder Konflikt zwischen England und Frankreich. Er endete mit dem Sieg des französischen Königs.

Während sich in England und Frankreich Erbmonarchien durchgesetzt hatten, blieb das Deutsche Reich eine Wahlmonarchie. Die Reichsfürsten konnten hier ihre Herrschaftsgebiete zu selbstständigen ↗ *Territorialstaaten* **62** ausbauen. Ihren Einfluss auf die Königswahl hielten sie 1356 als ↗ *Kurfürsten* **60** in der ↗ *„Goldenen Bulle"* **59** fest.

Zwischen dem 11. und 14. Jh. wurde der deutsche Siedlungsraum durch die ↗ *Ostsiedlung* **61** vergrößert. In Mittel- und Südosteuropa weiteten die Habsburger seit dem 13. Jh. ihren Einfluss aus. Als dann ↗ *1453* (**58**) die Osmanen Konstantinopel eroberten und das Reich der Habsburger bedrohten, sahen der Papst und der ↗ *Kaiser* **49** das christliche Europa in Gefahr.

7.3 Neue geistige und räumliche Horizonte

64 **1492** *Kolumbus landet in Amerika; das Zeitalter der Entdeckungen folgt.*

65 **1517** *Luther stellt seine Thesen gegen den Ablass zur Diskussion; die Reformation beginnt.*

66 **1618-1648** *Aus einem konfessionellen Konflikt wird der Dreißigjährige Krieg.*

67 **Humanismus** (lat. *humanum*: das Menschliche): Geisteshaltung, die ab dem 14. Jh. dazu beitrug, dass sich das Wissen über Grammatik, Rhetorik, Geschichte, Dichtkunst und Morallehre grundlegend änderte. Die antike Wissenschaft und Kunst (↗ *Antike* **14**) war für Humanisten Ausgangspunkt ihrer Lehren.

68 **Luther, Martin** (1483–1546): Er veröffentlichte ↗ *1517* (**65**) in Wittenberg seine 95 Thesen über den Ablass, den Nachlass der Strafen für Sünden gegen bestimmte Leistungen (z.B. Spende oder Teilnahme an einer Wallfahrt) und bestritt später die Führungsrolle des Papstes sowie die Unfehlbarkeit der Kirchenversammlungen. Der Konflikt zwischen Luther und der katholischen Kirche führte zur ↗ *Reformation* **70**. Luther übersetzte die ganze Bibel ins Deutsche, verfasste zahlreiche Lehrbücher und Kirchenlieder.

69 **Neuzeit**: in der europäischen Geschichte die Zeit, die das ↗ *Mittelalter* **38** ablöst. ↗ *Renaissance* **71**, ↗ *Humanismus* **67**, die Entdeckung Amerikas, der Buchdruck, die Entstehung des

↗ *Territorialstaates* **62** sowie Veränderungen im Glauben (↗ *Reformation* **70**), in der Wirtschaft und in der Kunst an der Wende vom 15. zum 16. Jahrhundert werden als Gründe für den Beginn der Neuzeit genannt.

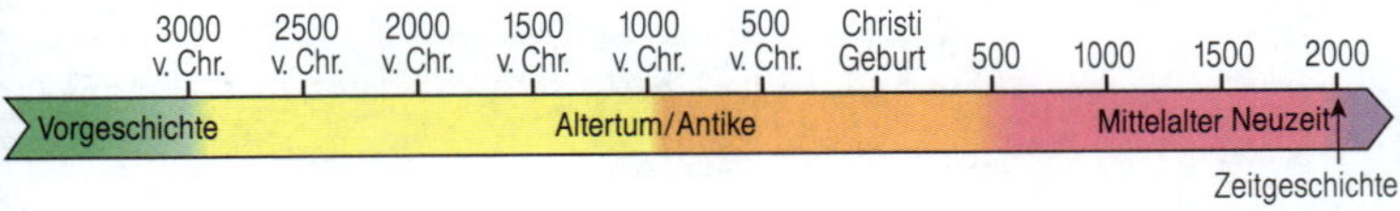

70 **Reformation** (lat. *reformatio*: Wiederherstellung, Zurückformung): von ↗ *Luther* **68** ausgehende Bewegung mit dem Ziel einer Glaubensreform. Sie endete in einer Spaltung der katholischen Kirche in verschiedene Glaubensbekenntnisse (Konfessionen).

71 **Renaissance**: moderner Begriff für die „Wiedergeburt" der antiken Kunst und Kultur (↗ *Antike* **14**), die seit 1300 von Italien ausging, bis etwa 1600 anhielt und die Kultur aller europäischen Staaten beeinflusste. In dieser Zeit machte sich der Mensch zum Mittelpunkt jeder Erfahrung, wurden zahllose Dinge erfunden, wurde die Sonne zum Zentrum der Welt erklärt, der Glaube infrage gestellt und Amerika entdeckt.

72 **Westfälischer Friede**: Er beendete 1648 in Münster und Osnabrück den Dreißigjährigen Krieg (↗ **66**) und gab im *Heiligen Römischen Reich Deutscher Nation** den ↗ *Territorialstaaten* **62** mehr politisches Gewicht. Gleichzeitig gewannen andere europäische Mächte durch ihn mehr Einfluss auf die deutsche Politik.

**Zum „Heiligen Römischen Reich Deutscher Nation" siehe die Anmerkungen zu der Karte auf Seite 132.*

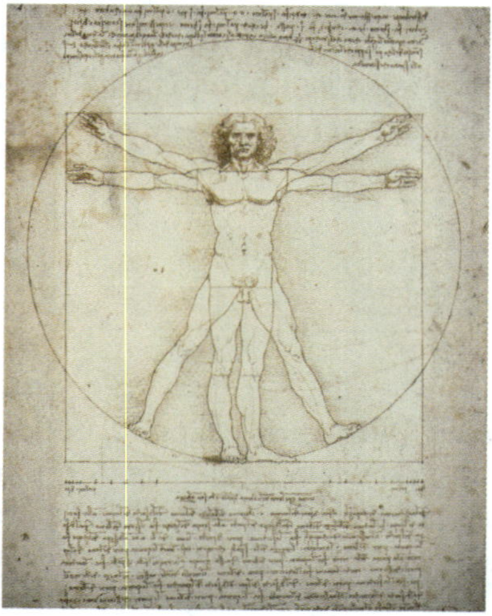

Skizze von Leonardo da Vinci, um 1485/90.

Inhalt

Naturkatastrophen, Kriege und die Pest veränderten im 14. Jh. nicht nur die sozialen und wirtschaftlichen Verhältnisse, sondern auch die Kunst und den Glauben.

Die Künstler und Gelehrten der ↗ *Renaissance* 71 und des ↗ *Humanismus* 67 ließen sich von antiken Vorbildern (↗ *Antike* 14) beeinflussen. Sie sahen im Menschen den Mittelpunkt der von Gott geschaffenen Welt. Nicht mehr allein die Zugehörigkeit zu einem bestimmten Stand (↗ *Ständewesen* 63) zählte. Jeder Mensch sollte für sein Leben verantwortlich sein und es selbst gestalten dürfen.

Der von Gutenberg erfundene Buchdruck mit beweglichen Lettern steigerte die Buchherstellung. Er trug dazu bei, dass immer mehr Menschen wissenschaftliche, politische und religiöse Vorstellungen kennenlernten.

Wie schwer es war, neue Erkenntnisse durchzusetzen, musste Galilei erfahren. Er kam mit der katholischen Kirche in Konflikt, als er das von Kopernikus entdeckte heliozentrische Weltbild mit naturwissenschaftlichen Methoden bewies und bekannt machte. Die Kirche wollte noch nicht wahrhaben, dass die Erde sich wie die anderen Planeten um die Sonne dreht. Für sie sollte die von Gott geschaffene Erde Mittelpunkt aller Vorstellungen bleiben. Mehr noch als diese geistigen Entwicklungen prägte die Entdeckung Amerikas das Ende des ↗ *Mittelalters* **38** und den Beginn der ↗ *Neuzeit* **69**. Auf der Suche nach einem Seeweg nach Indien entdeckte Kolumbus ↗ *1492* (**64**) Amerika. Auf die Entdeckung folgte die Eroberung. Die Kulturen der Inka, Maya und Azteken wurden zerstört und den Indios die Lebensweise und Religion der Eroberer aufgezwungen. Frühkapitalistische Unternehmer wie die Fugger und Welser, die durch den Bergbau und das Bankwesen zu Reichtum gekommen waren, beteiligten sich an dem Atlantikhandel.

Papst, Bischöfen, Priestern und Äbten wurde im Spätmittelalter vorgeworfen, sie missbrauchten ihre Macht, lebten in Luxus, statt sich um ihre geistlichen Aufgaben zu kümmern, und verbreiteten falsche Glaubenslehren. ↗ *Martin Luther* **68** wurde zum Wortführer der Kirchenkritiker. Seine Thesen von ↗ *1517* (**65**) gegen die Ablasspraxis machten ihn für die Kirche zum Ketzer und leiteten die ↗ *Reformation* **70** ein. Der Streit spitzte sich zu, als Luther vor dem ↗ *Kaiser* **49** erklärte, der Papst und die Konzilien (Versammlungen von Vertretern der Kirche) könnten irren. 1521 schloss zunächst der Papst Luther aus der Kirche aus, danach erklärte Kaiser Karl V. ihn und seine Anhänger für „vogelfrei".

Nachdem es bereits im 14. und 15. Jh. wegen schlechter Lebens- und Arbeitsbedingungen der ländlichen und städtischen Unterschichten hier und da zu Aufständen gegen Grund- und Stadtherren gekommen war, brachen 1524 größere Unruhen aus. Die reformatorische Lehre trug dazu bei, dass die Konflikte sich zum großen Bauernkrieg ausweiteten. Mit Söldnerheeren schlugen die Fürsten die regionalen Aufstände nieder.

Der Papst versuchte mit dem Kaiser sowie anderen katholischen Fürsten, die Einheit der Christenheit (↗ *Christentum* **35**) gewaltsam wiederherzustellen. Ohne Erfolg. Im Augsburger Religionsfrieden wurde die Spaltung der Christenheit bestätigt. Die Landesfürsten bestimmten in ihren ↗ *Territorialstaaten* **62** von nun an die Konfession ihrer Untertanen.
Herausgefordert durch die Reformation veränderte sich auch die katholische Kirche. Das Konzil von Trient legte verbindliche Glaubensaussagen neu fest. Die von Luther ins Leben gerufene Bewegung spaltete sich. In der Schweiz setzten die Reformatoren Zwingli und Calvin strenge Maßstäbe für den Glauben sowie für das private und öffentliche Leben. Die verschiedenen Konfessionen verhielten sich untereinander intolerant. Abgrenzung der Konfessionen und Territorien sowie zahlreiche Glaubenskriege waren die Folge der Glaubensspaltung.
Der Dreißigjährige Krieg von ↗ *1618 bis 1648* (**66**) ist ein Beispiel dafür: Er entstand aus einem regionalen Konflikt in Böhmen. In ihm ging es zwischen ↗ *König* **51** und Ständen um konfessionelle Gegensätze und politische Macht. Für die Menschen war der Krieg eine Katastrophe. Vor allem die Bewohner des Heiligen Römischen Reiches Deutscher Nation litten unter ihm. Durch den ↗ *Westfälischen Frieden* **72** festigten sich die Positionen Frankreichs und Schwedens; der Einfluss der Habsburger schwand. Das Reich blieb ein lockerer Verbund von vielen Einzelstaaten.

7.4 Die Zeit des Absolutismus

73 **Absolutismus** (lat. *absolutus*: uneingeschränkt): monarchische Herrschaftsform (↗ *Monarchie* **30**), in der Fürsten seit dem 17. Jh. ihre Stellung nicht nur von Gott ableiteten („*Gottesgnadentum*"), sondern unabhängig von den Gesetzen und den Ständen (↗ *Ständewesen* **63**) regierten. Die Fürsten fühlten sich nur Gott und ihrem Gewissen verantwortlich.

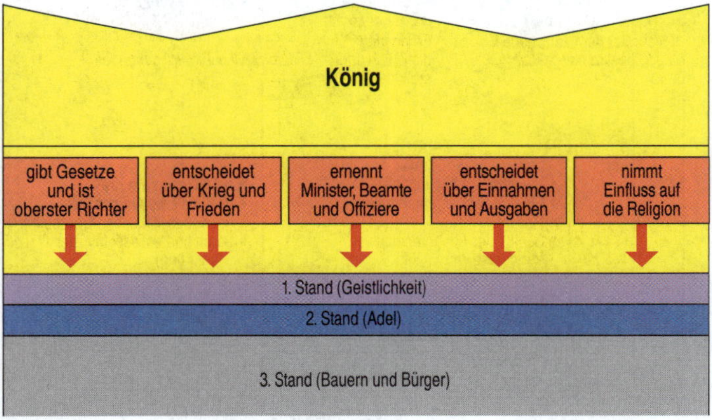

Die absolutistische Herrschaft unter Ludwig XIV.

74 **Gleichgewichtspolitik** (engl. *balance of power*: Gleichgewicht der Kräfte): außenpolitisches Ziel der europäischen Großmächte seit dem ↗ *Westfälischen Frieden* **72**, um das ↗ *Hegemoniestreben* **75** eines Staates auf dem Kontinent zu verhindern.

75 **Hegemoniestreben** (griech. *hegemonia*: Oberbefehl): Bemühen eines Herrschers oder eines Staates um die Vorherrschaft in einem Bündnis oder einem Gebiet. Im ↗ *Mittelalter* **38** entstanden dadurch die ↗ *Territorial- und Ständestaaten* **62**. In der ↗ *Neuzeit* **69** strebten Frankreich und England die Hegemonie in Europa an.

76 **Konstitutionelle Monarchie**: Regierungsform, in der die absolute Macht des Monarchen (↗ *Absolutismus* 73, ↗ *Monarchie* 30) durch eine ↗ *Verfassung* 95 (lat. *constitutio*) gesetzlich begrenzt wird. Ein Monarch steht zwar weiterhin an der Spitze des Staates, an der Gesetzgebung aber wirkt ein ↗ *Parlament* 77 mit.

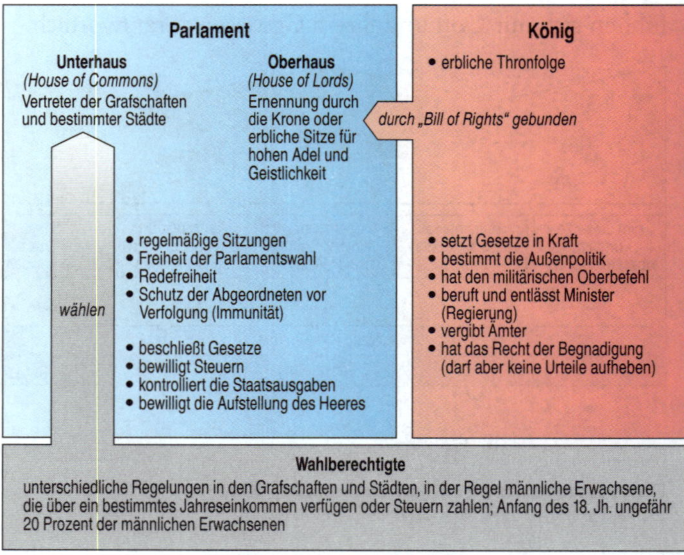

Die konstitutionelle Monarchie in England.

77 **Parlament**: ursprünglich eine von einem Herrscher einberufene Versammlung angesehener Männer seines Reiches (↗ *Adel* 43). Seit 1295 wurde in England der „Große Rat" des ↗ *Königs* 51 durch gewählte Vertreter des Landadels und der Städte ergänzt (↗ *Ständewesen* 63). Er war die Keimzelle des englischen Parlaments, das sich seit dem 14. Jh. in eine Vertretung des Hochadels (*House of Lords*) und eine Vertretung des niederen Adels und der Städte (*House of Commons*) aufteilte.

78 **Merkantilismus** (lat. *mercari*: Handel treiben): von den Fürsten gelenkte Wirtschaftsform zur Zeit des ↗ *Absolutismus* 73. Sie stärkte die einheimischen Gewerbe und erhöhte die Steuereinnahmen.

Merkantilismus.

Inhalt

Ludwig XIV. regierte Frankreich von 1643 bis zu seinem Tode 1715 absolutistisch (↗ *Absolutismus* 73). Tüchtige Beamte und ein ständig einsatzbereites Heer stützten seine ↗ *Monarchie* 30. Die Vertreter der Stände (Klerus, ↗ *Adel* 43 und ↗ *Bürger* 44) waren machtlos (↗ *Ständewesen* 63). Mittelpunkt und Kennzeichen der Herrschaft des „Sonnenkönigs" war das barocke Schloss Versailles. Seine Wirtschaftspolitik (↗ *Merkantilismus* 78) förderte Handel und Gewerbe. Sie brachte dem französischen Staat dringend benötigte Einnahmen für das ständig einsatzbereite Heer und trug zum wirtschaftlichen Aufstieg des Bürgertums bei.

Außenpolitisch strebte Ludwig XIV. nach der Vorherrschaft auf dem Kontinent (↗ *Hegemoniestreben* 75). Im Spanischen Erbfolgekrieg (1701–1714) scheiterten er und der bayerische Kurfürst Max II. Emanuel am Widerstand der mit England verbündeten Staaten. Sie stellten das Gleichgewicht der Kräfte (↗ *Gleichgewichtspolitik* 74) auf dem europäischen Kontinent wieder her. Der bayerische ↗ *Kurfürst* 60 aus dem Hause Wittelsbach verlor dabei vorübergehend das Kurfürstentum Bayern, das bereits seit Ende des 16. Jh. absolutistisch regiert wurde.

Die europäischen Fürsten übernahmen den von Italien ausgehenden neuen Kunststil: den Barock. Er prägte nicht nur die höfische Architektur, sondern auch zahllose Kirchenbauten und andere Kunstwerke.
In England scheiterten absolutistische Bestrebungen der Könige aus dem Hause Stuart am Widerstand des ↗ *Parlaments* **77**. Unter Oliver Cromwell wurde aus der Monarchie eine ↗ *Republik* **32**. Nach seinem Tod rief das Parlament wieder einen Monarchen auf den Thron. Zuvor mussten er und seine Frau aber 1689 die „Bill of Rights" anerkennen, in der die Rechte des Parlaments festgelegt waren. In England hatte sich damit die ↗ *konstitutionelle Monarchie* **76** durchgesetzt.

8 Vom Zeitalter der Aufklärung bis zur Oktoberrevolution

8.1 Europa im Zeitalter der Revolutionen

79 **14. Juli 1789** *Die Französische Revolution beginnt mit dem Sturm auf das Staatsgefängnis, die Bastille.*

80 **1806** *Das Heilige Römische Reich Deutscher Nation wird aufgelöst.*

81 **1815** *Auf dem Wiener Kongress wird Europa neu geordnet.*

82 **1832** *Nach dem Hambacher Fest werden nationale, liberale und soziale Forderungen gestellt.*

83 **1848/49** *Nach der Märzrevolution von 1848 wird eine deutsche Nationalversammlung gewählt. Sie tagt in der Frankfurter Paulskirche und soll eine Verfassung für einen Nationalstaat ausarbeiten.*

84 **Aufklärung**: Epoche der Wissenschafts- und Geistesgeschichte des 17. und 18. Jh. Die Aufklärer stellten die von der Religion geprägten Ansichten über Natur, Staat und Gesellschaft infrage. Bei ihrer Suche nach der Wahrheit verließen sie sich vor allem auf Vernunft (lat. *ratio*), Experimente und Erfahrungen (griech. *empeiria*). Sie forderten die freie Entfaltung des Menschen auf der Grundlage der ↗ *Menschenrechte* 90.

85 **Bürgertum**: Vom ↗ *Mittelalter* 38 bis Ende des 18. Jh. bildete dieser Teil der Bevölkerung den „dritten Stand" der Gesellschaft (↗ *Ständewesen* 63); zu ihm gehörten freie Bauern und

Bürger. In den „bürgerlichen" Revolutionen des 18. und 19. Jh. erstritt das Bürgertum seine rechtliche und politische Gleichberechtigung mit dem Klerus („erster Stand") und dem ↗ *Adel* **43** („zweiter Stand").

86 **Deutscher Bund**: auf dem Wiener Kongress ↗ *1815* (**81**) gegründeter Zusammenschluss von 34 unabhängigen (souveränen) Fürsten und vier freien Städten (Lübeck, Hamburg, Bremen und Frankfurt am Main). Ziel des Deutschen Bundes war, die innere und äußere Sicherheit der Mitgliedstaaten zu gewährleisten. Sitz der Bundesversammlung (auch Bundestag genannt) war Frankfurt am Main. Der Deutsche Bund zerfiel 1866.

87 **Gewaltenteilung**: eine im 18. Jh. gegen die absolutistische Herrschaft (↗ *Absolutismus* **73**) entwickelte Lehre, nach der drei getrennte Einrichtungen die Herrschaft in einem Staat gemeinsam ausüben und sich gegenseitig kontrollieren sollen: Das ↗ *Parlament* **77** (*Legislative*) soll Gesetze beschließen, die Regierung (*Exekutive*) sie durch Verwaltung und Polizei ausführen und die Gerichte (*Judikative*) sollen Recht sprechen. Die *Virginia Bill of Rights* von 1776, die amerikanische Bundesverfassung von 1787/88 und die französische Verfassung von 1791 berücksichtigten die Gewaltenteilung (↗ *Verfassung* **95**).

Gewaltenteilung ist heute ein Kennzeichen jeder demokratischen Ordnung (↗ *Demokratie* **16**).

88 **Kaisertum Napoleons**: ↗ *Napoleon I.* **92** schuf 1804 ein erbliches Kaisertum (↗ *Kaiser* **49**) der Franzosen und betrieb die Auflösung des *Heiligen Römischen Reiches Deutscher Nation**, um selbst an das von ↗ *Karl dem Großen* **50** erneuerte weströmische Kaisertum anknüpfen zu können.

**Zum „Heiligen Römischen Reich Deutscher Nation" siehe die Anmerkungen zu der Karte auf Seite 132.*

89 **Liberalismus** (lat. *liberalis*: freiheitlich, eines freien Menschen würdig): Staats-, Gesellschafts- und Wirtschaftslehre, die von der ↗ *Aufklärung* 84 geprägt ist und sich von der freien Entfaltung des Einzelnen einen Fortschritt in Kultur, Recht, Wirtschaft und Gesellschaft erhoffte. Liberale forderten die Gründung einer ↗ *Nation* 93 sowie ↗ *Verfassungen* 95, ↗ *Menschenrechte* 90 und eine freie Wirtschaft.

90 **Menschenrechte**: im engeren Sinne die unantastbaren und unveränderlichen Freiheiten und Rechte aller Menschen, die ihnen von Natur aus, d.h. mit ihrer Geburt zustehen – unabhängig von ihrer Stellung in Staat, Gesellschaft, Beruf und Religion (*Naturrecht*): Dazu zählen das Recht auf Leben, die Unverletzlichkeit der Person, Freiheit, Eigentum, aber auch die Gleichheit vor dem Gesetz, das Recht auf Meinungs- und Glaubensfreiheit sowie auf Widerstand gegen Unterdrückung. Die *Magna Charta libertatum* (1215), die *Bill of Rights* (1689), die *Virginia Bill of Rights*, die amerikanische Unabhängigkeitserklärung von 1776 sowie die französische Verfassung von 1791 und die Erklärung der Grundrechte der Frankfurter Nationalversammlung von ↗ *1848* (83) sind Zeugnisse der Menschenrechtsentwicklung.

Die 1948 von der ↗ *UNO* 157 verkündete „Allgemeine Erklärung der Menschenrechte" steht in der Tradition dieser Veröffentlichungen.

91 **Montgelas, Maximilian Joseph Freiherr** (seit 1809 Graf) **von** (1759–1838): 1799 wurde der in München geborene Montgelas zum Leitenden Minister berufen. Seine Außenpolitik sicherte Bayern während der Napoleonischen Kriege (↗ *Napoleon I. Bonaparte* 92) reichen

Landgewinn. Er trug dazu bei, dass aus dem Kurfürstentum 1806 das Königreich Bayern wurde. Seine innenpolitischen Reformen prägten das moderne Bayern; 1817 verlor er den Rückhalt seines Königs und danach seine Ämter.

92 **Napoleon I. Bonaparte** (1769–1821): Durch einen Staatsstreich kam der auf Korsika geborene General 1799 an die Macht. 1804 krönte er sich zum ↗ *Kaiser* **49** (↗ *Kaisertum Napoleons* **88**) und leitete zur Sicherung seiner Herrschaft zahlreiche Reformen ein. Mit seinen Truppen und seiner Bündnispolitik eroberte er fast ganz Europa. Erst die Niederlage im Russlandfeldzug (1812) und die deutschen Befreiungskriege (1813/14) führten zur Wende seiner Herrschaft. 1814 musste er abdanken und wurde nach Elba verbannt. Im März 1815 kehrte Napoleon zurück, wurde aber nach der „Herrschaft der hundert Tage" bei Waterloo endgültig besiegt und auf die Insel St. Helena im Südatlantik verbannt.

93 **Nation** (lat. *natio*: Herkunft, Abstammung): Als Nation wird seit dem 18. Jh. eine große Gruppe von Menschen mit gleicher Abstammung, Geschichte, Sprache und Kultur oder mit gemeinsamer Regierung und Staatsordnung (↗ *Verfassung* **95**) bezeichnet. Seit der nordamerikanischen Unabhängigkeitserklärung (1776) und der Französischen Revolution (1789) gehen die Anhänger des ↗ *Liberalismus* **89** davon aus, dass die Angehörigen einer Nation das Recht haben, in Freiheit und nach eigenem Recht in einem eigenen Staat (Nationalstaat) zu leben.

94 **Nationalismus**: weltanschauliches Bekenntnis zur eigenen ↗ *Nation* **93** bzw. dem Staat, dem man angehört. Auf der einen Seite stand die Überzeugung, dass alle Völker einen An-

spruch auf nationale Selbstbestimmung haben, auf der anderen die Hochschätzung des eigenen Volkes.

Die Abwertung anderer Nationen trug seit der Mitte des 19. Jh. zu einem übersteigerten Nationalbewusstsein bei; es war ein Kennzeichen des ↗ *Imperialismus* **111** und des ↗ *Nationalsozialismus* **133**.

95 **Verfassung**: Satzung, die die politischen Rechte und Aufgaben der ↗ *Könige* **51**, Regierungen, Stände (↗ *Ständewesen* **63**) und Bürger (↗ *Bürger* **44**; ↗ *Bürgertum* **85**) festlegt. Im Laufe der Geschichte änderte sich die Verteilung der Macht und wurde allmählich in Verfassungen (Konstitutionen) schriftlich festgelegt. Zu den ersten „Staatsgrundgesetzen" zählen die *Magna Charta libertatum* (1215) und die *Bill of Rights* (1689); sie regeln die Beziehungen zwischen König und Ständevertretern bzw. ↗ *Parlament* **77** oder ↗ *Reichstag* **104** und halten deren Rechte und Freiheiten fest. Teil der Verfassung des *Heiligen Römischen Reiches Deutscher Nation** war die ↗ *„Goldene Bulle"* **59** von 1356.

96 **Volkssouveränität** (frz. *souveraineté*: oberste politische und militärische Macht im Staat): der während der ↗ *Aufklärung* **84** am Ende des 18. Jh. entwickelte Grundsatz, wonach das Volk Inhaber aller Staatsgewalt sei. Herrschaftsgrundlage sollten Wahlen und Abstimmungen sein. Sie bilden eine Grundvoraussetzung für jede demokratische Ordnung (↗ *Demokratie* **16**).

**Zum „Heiligen Römischen Reich Deutscher Nation" siehe die Anmerkungen zu der Karte auf Seite 132.*

Inhalt

Während der Epoche der ↗ *Aufklärung* 84 wurden in England und Frankreich auch neue Staatslehren entwickelt. Sie richteten sich mehr oder weniger deutlich gegen die absolutistische Herrschaft (↗ *Absolutismus* 73) und forderten die Festlegung, Kontrolle und Teilung der Staatsgewalt (↗ *Gewaltenteilung* 87) sowie die ↗ *Volkssouveränität* 96.

In Frankreich führten zerrüttete Staatsfinanzen, mangelnde politische Mitbestimmungsrechte der Stände (↗ *Ständewesen* 63) sowie soziale und wirtschaftliche Probleme am ↗ *14. Juli 1789* (79) zum Sturm auf die Bastille. Die Revolution begann. In ihrem Verlauf wurden die ↗ *Menschenrechte* 90 verkündet und die ständische Gesellschaftsordnung aufgelöst. 1791 leistete der König seinen Eid auf die von den Abgeordneten der Nationalversammlung erarbeitete ↗ *Verfassung* 95; aus einer absolutistischen war eine ↗ *konstitutionelle Monarchie* 76 geworden. Nach dem Fluchtversuch des Königs wurde im September 1792 eine ↗ *Republik* 32 errichtet. Sie stand zunächst unter dem Einfluss des ↗ *Bürgertums* 85, dann unter dem der städtischen Volksbewegung, der Sansculotten. Die Regierenden erkannten die Volkssouveränität an und versuchten, die Volksbewegung mit sozialen Reformen und Zwangsmaßnahmen zu kontrollieren. Gleichzeitig mobilisierten sie die Truppen für den Kampf gegen Österreich und Preußen. In dieser Phase der Revolution entstand die Schreckensherrschaft: Zehntausende wurden als Gegner der Revolution und „Volksfeinde“ hingerichtet.

1799 übernahm ↗ *Napoleon I. Bonaparte* 92 in einem Staatsstreich die Macht in Frankreich. Er befriedete das Land, verordnete Reformen, krönte sich 1804 zum Kaiser (↗ *Kaisertum Napoleons* 88) und erließ ein wegweisendes Gesetzbuch („Code civil“).

Die Eroberungs- und Bündnispolitik Napoleons führte ↗ *1806* (80) zur Gründung des Rheinbundes und zur Auflösung des Heiligen Römischen Reiches Deutscher Nation. Aus dem „Flickenteppich" von vielen verschiedenen weltlichen, geistlichen und reichsstädtischen Herrschaftsgebieten wurden in Süddeutschland zwei große Flächenstaaten: das Königreich Bayern und das Königreich Württemberg. Die Landesherren modernisierten Regierung und Verwaltung, um aus den alten und neu hinzugekommenen Gebieten einheitliche Staaten zu machen. In Bayern zeichnete dafür ↗ *Montgelas* **91** verantwortlich.

Der Wiener Kongress von ↗ *1815* (**81**) stellte auf dem Kontinent das Gleichgewicht der fünf Großmächte Großbritannien, Russland, Frankreich, Österreich und Preußen wieder her. Die Nachfolge des 1806 untergegangenen Heiligen Römischen Reiches Deutscher Nation trat der ↗ *Deutsche Bund* **86** an. Dieser lockere Staatenbund enttäuschte alle, die einen deutschen Nationalstaat mit einer starken Zentralgewalt wollten (↗ *Nation* **93**; ↗ *Nationalismus* **94**). Um die auf dem Wiener Kongress erneuerte monarchische Staatsordnung abzusichern, schlossen sich Preußen, Russland und Österreich zur Heiligen Allianz zusammen. Die Regierungen des Deutschen Bundes unterdrückten die nationalen und liberalen Bewegungen (↗ *Liberalismus* **89**). Es wurden die Burschenschaften verboten, die Versammlungsfreiheit eingeschränkt und die Zensur eingeführt. Nach der Julirevolution von 1830 in Frankreich kam es in mehreren Ländern Europas und in einigen deutschen Staaten zu revolutionären Aufständen. Höhepunkt der gesamtdeutschen Oppositionsbewegung war das Hambacher Fest ↗ *1832* (**82**). Die Revolutionen von ↗ *1848/49* (**83**) gingen von Frankreich aus. Soziale, nationale und liberale Forderungen waren im Frühjahr 1848 die Ursache für Aufstände gegen die Herrschenden in vielen europäischen Staaten. Fast überall wurden Regierungen umgebildet, Reformen eingeleitet und erste ↗ *Parteien* **103** gegründet. In den deutschen Staaten trugen die Märzereignisse von 1848 auch zur

Einberufung von gewählten Volksvertretern nach Frankfurt am Main bei (Nationalversammlung). Die gewählten Abgeordneten des ersten gesamtdeutschen ↗ *Parlaments* **77** erarbeiteten einen bis heute vorbildlichen Katalog von Grundrechten (↗ *Menschenrechte* **90**) und eine wegweisende Reichsverfassung (↗ *Verfassung* **95**). Sie sollte aus dem Deutschen Bund wieder ein Deutsches Reich machen und die konstitutionelle Monarchie einführen. Doch Nationalstaat und Reichsverfassung scheiterten am Widerstand der alten Gewalten. Nach 1849 kehrte zwar der alte Obrigkeitsstaat wieder zurück, doch seine Grundlagen hatten sich stark verändert. Die Revolution hatte Fortschritte in den Verfassungen einiger Länder gebracht, Reformen eingeleitet und langfristig das nationale Bewusstsein der Deutschen gestärkt.

8.2 Politik, Gesellschaft und Wirtschaft in Deutschland 1850 bis 1914

97 **1871** *Während des Deutsch-Französischen Krieges wird im Januar das Deutsche Kaiserreich gegründet.*

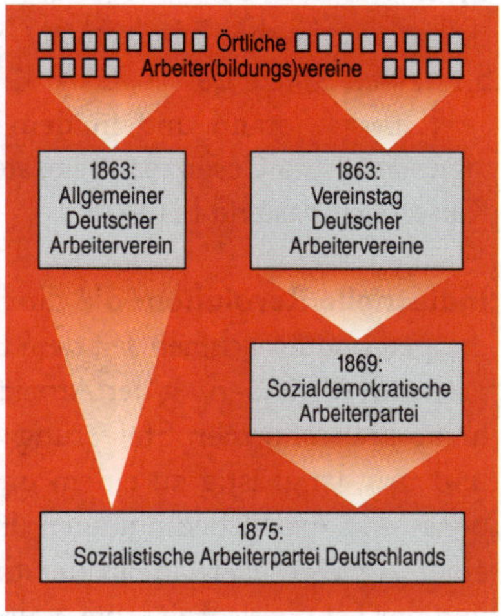

Die deutsche Arbeiterbewegung.

98 **Arbeiterbewegung**: Zusammenschluss von Arbeitern, um ihre Benachteiligung auf sozialem, wirtschaftlichem und politischem Gebiet zu beseitigen. Den Anfang der deutschen Arbeiterbewegung bildeten kleine Gesellen- und Handwerkervereine. Die „Allgemeine Deutsche Arbeiterverbrüderung" von 1848 forderte ein allgemeines, gleiches Wahlrecht und einen spürbaren Beitrag der Regierungen zur Lösung der ↗ *Sozialen Frage* **105**. Wichtige Aufgaben in der Arbeiterbewegung übernahmen die Gewerkschaften und der 1863 gegründete „Allgemeine Deutsche Arbeiterverein", die Keimzelle der „Sozialdemokratischen Partei Deutschland" (SPD).

99 **Bismarck, Otto Graf** (seit 1871 Fürst) **von** (1815–98): 1862–90 preußischer Ministerpräsident und Außenminister, von 1871–90 auch Reichskanzler; er gilt als Grün-

der des ↗ *Deutschen Kaiserreiches* **100**, das er mit drei Kriegen vorbereitete. Danach sorgte er mit seinem Bündnissystem für Frieden in Europa.

100 **Deutsches Kaiserreich**: deutscher Staat, der im Verlauf des Deutsch-Französischen Krieges ↗ *1870/71* (**97**) gegründet wurde. Er war nach der ↗ *Verfassung* **95** von 1871 ein konstitutionell-monarchischer Bundesstaat (↗ *konstitutionelle Monarchie* **76**), an dessen Spitze der ↗ *König* **51** von Preußen als Deutscher ↗ *Kaiser* **49** stand und in dem gewählte Abgeordnete im ↗ *Reichstag* **104** Gesetzesanträge stellen konnten. Das Deutsche Kaiserreich bestand bis 1918.

101 **Industrielle Revolution**: die durch Handel, technische Erfindungen und Maschinen seit dem Ende des 18. Jh. bewirkte tief greifende Veränderung der Arbeits- und Lebenswelt. Sie führte zu einer enormen Steigerung der Produktion von Waren und trug langfristig zu einem umfassenden Wandel der Lebens- und Arbeitsbedingungen und der Gesellschaft bei. Aus einer Agrargesellschaft, in der die Mehrheit der Menschen von der Landwirtschaft lebte, wurde allmählich eine Industriegesellschaft. Eine Herausforderung der Industriegesellschaft stellte die ↗ *Soziale Frage* **105** dar.

102 **Kulturkampf**: Bezeichnung für die Konflikte zwischen Regierung, der Zentrumspartei und der katholischen Kirche im ↗ *Deutschen Kaiserreich* **100** von etwa 1871 bis 1884. Reichskanzler ↗ *Bismarck* **99** verbot den Geistlichen, im Gottesdienst über Politik und Staat zu sprechen (*Kanzelparagraf*), unterstellte die kirchlichen Schulen der staatlichen Schulaufsicht und trieb mit der Zivilehe die Trennung von Kirche und Staat voran. Das Zentrum ging aus dem Kulturkampf gestärkt hervor; die Zahl seiner Wähler nahm zu.

103 **Parteien**: Vereinigung von Personen, die sich zur Durchsetzung politischer Ziele dauerhaft zusammenschließen. Die Anfänge der deutschen Parteien gehen auf die Wahlvereinigungen und politischen Klubs von ↗ *1848/49* (**83**) zurück. Kennzeichen einer Partei sind: feste, langfristig angelegte Organisation, Parteiprogramm (in dem die Ziele formuliert sind) und der Wille ihrer Mitglieder, in gewählten Volksvertretungen wie Gemeinderäten oder ↗ *Parlamenten* **77** (z.B. im ↗ *Reichstag* **104**) die Verhältnisse im Staat mitzugestalten. Nach Programm und Weltanschauung werden seit dem 19. Jh. Sozialisten (↗ *Sozialismus* **106**), Liberale (↗ *Liberalismus* **89**), Nationale (↗ *Nationalismus* **94**), politische Katholiken („Zentrum") und Konservative unterschieden.

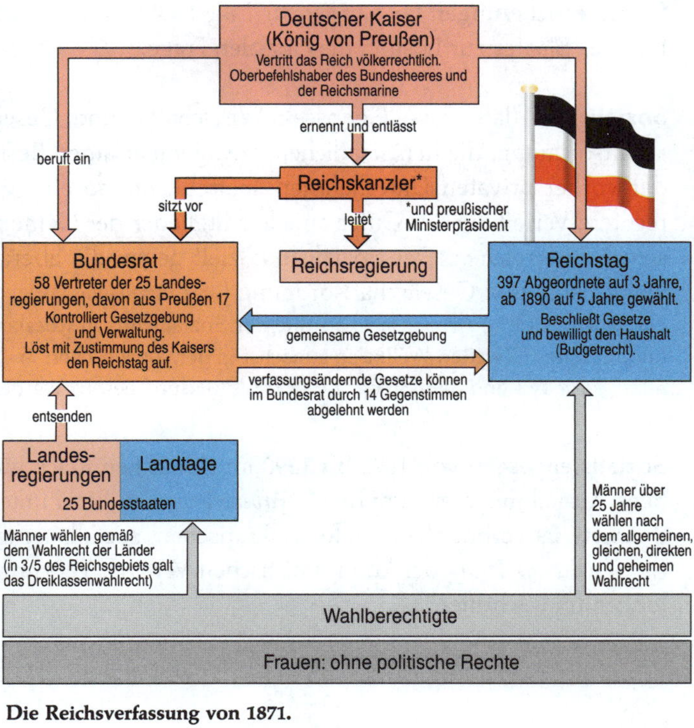

Die Reichsverfassung von 1871.

104 **Reichstag**: Volksvertretung (↗ *Parlament* **77**) des ↗ *Deutschen Kaiserreichs* **100**. Ihre Abgeordneten wurden nach dem allgemeinen, gleichen, geheimen und direkten Männerwahlrecht gewählt. Der Reichstag konnte Gesetzesanträge stellen und den Staatshaushalt (Budget) genehmigen. Reichskanzler und Reichsregierung waren dem Reichstag gegenüber nicht verantwortlich, der Kaiser konnte ihn jederzeit auflösen.

105 **Soziale Frage**: Bevölkerungswachstum, Massenarmut und -arbeitslosigkeit sowie Wohnungsnot kennzeichneten die Zeit vor und während der ↗ *Industriellen Revolution* **101**. Staat, Kirche, Unternehmer und Arbeitnehmer suchten nach Lösungen für diese Herausforderungen. Die von ↗ *Bismarck* **99** eingeführten Sozialversicherungen (↗ *Sozialgesetzgebung* **108**) waren ein Beitrag des Staates zur Lösung der Sozialen Frage.

106 **Sozialismus** (lat. *socius*: Genosse): Wirtschafts- und Gesellschaftsordnung, die den staatlichen bzw. gemeinsamen Besitz der vorher privaten Unternehmen anstrebt, um so eine gerechtere Verteilung der Güter an alle Mitglieder der Gemeinschaft zu erreichen. Der Sozialismus zielt gegen die liberale Wirtschafts- und Gesellschaftsordnung (↗ *Liberalismus* **89**).
Nach der ↗ *Oktoberrevolution* **112** sollte der Sozialismus in Russland und nach dem Zweiten Weltkrieg zunächst in der sowjetischen ↗ *Besatzungszone* **143** und dann in der DDR (↗ **139**) durchgesetzt werden.

107 **Sozialistengesetz**: von 1878 bis 1890 im Deutschen Reich gültiges Ausnahmegesetz, um die ↗ *Arbeiterbewegung* **98** zu unterdrücken. Es verbot alle sozialdemokratischen, sozialistischen (↗ *Sozialismus* **106**) oder kommunistischen Vereine, Versammlungen und Schriften.

108 **Sozialgesetzgebung**: Kranken-, Unfall- und Altersversicherung; sie wurden zwischen 1883 und 1889 im ↗ *Deutschen Kaiserreich* **100** eingeführt und waren ↗ *Bismarcks* **99** Antwort auf die ↗ *Soziale Frage* **105**.

Die 1927 eingeführte Arbeitslosenversicherung, die Einführung der dynamischen Rente 1957 und die 1995 gestartete Pflegeversicherung haben die Sozialgesetzgebung ergänzt.

Inhalt

Die von Großbritannien um 1780 ausgehende ↗ *Industrielle Revolution* **101** veränderte die Arbeits- und Lebensbedingungen der Menschen umfassend. Von zentraler Bedeutung für die Industrialisierung war die Erfindung der Dampfmaschine. In den deutschen Staaten begann der industrielle Aufbruch um 1830. Er beschränkte sich zunächst auf wenige Regionen. Der eigentliche Schrittmacher der deutschen Industrialisierung war der Eisenbahnbau. Zugleich organisierten sich Handel und Industrie zunehmend in Aktiengesellschaften, um den steigenden Kapitalbedarf decken zu können. Anfang der 1870er-Jahre wuchs die deutsche Wirtschaftskraft stark. Doch schon 1873 endete der Aufschwung. Es begann die „große Depression". Die Industrialisierung ging jedoch weiter. Neben die Eisen- und Stahlproduktion traten Chemie und Elektrotechnik als Schrittmacherindustrien. In der Landwirtschaft konnten die Erträge durch den Einsatz von Kunstdünger und Maschinen gesteigert werden.

Friedliche Proteste und gewalttätige Aufstände gegen das Elend der Unterschichten machten auf die ↗ *Soziale Frage* **105** aufmerksam. Zunächst versuchten die Kirchen und einige Unternehmer, die negativen Folgen der Industrialisierung zu mildern. Die Regierenden halfen erst, als sie erkannt hatten, dass ohne sozialen Frieden die Staatsordnung gefährdet war. Es entstand eine ↗ *Arbeiterbewegung* **98**, die sich in ↗ *Parteien*

103 und Gewerkschaften organisierte und ihre Interessen in Betrieb und Staat vertrat. Die Arbeiterbewegung wandte sich vor allem gegen die liberale Wirtschafts- und Gesellschaftsordnung (↗ *Liberalismus* **89**) und setzte sich für den ↗ *Sozialismus* **106** ein.
Die deutsche Nationalbewegung forderte auch nach der gescheiterten Revolution von ↗ *1848/49* (**83**) die Einigung der deutschen Staaten. 1862 wurde ↗ *Otto von Bismarck* **99** preußischer Ministerpräsident. Nach erfolgreichen Kriegen gegen Dänemark und Österreich verleibte Preußen sich zahlreiche deutsche Staaten ein und gründete den Norddeutschen Bund. Die süddeutschen Staaten näherten sich Preußen durch Militärbündnisse an.
Den Streit um die Thronbesteigung eines Hohenzollern-Prinzen in Spanien nutzte Bismarck, um den französischen Kaiser Napoleon III. zu einer Kriegserklärung zu provozieren. Unter Führung Preußens gewannen die deutschen Staaten den Krieg. Nach Verhandlungen mit den deutschen Fürsten wurde das ↗ *Deutsche Kaiserreich* **100** ↗ *1871* (**97**) während des Deutsch-Französischen Krieges in Versailles gegründet.
An der Spitze des neuen Bundesstaates stand Kaiser Wilhelm I. Bismarck vertrat die Interessen der ↗ *Monarchie* **30** im ↗ *Reichstag* **104**. Im ↗ *Kulturkampf* **102** unterdrückte er den Einfluss der katholischen Kirche auf die Politik. Dabei war er ähnlich erfolglos wie bei seinem Bemühen, durch das ↗ *Sozialistengesetz* **107** die Arbeiterbewegung auszuschalten. Mit seiner ↗ *Sozialgesetzgebung* **108** schaffte er es nicht, die Arbeiter politisch an das Kaiserreich zu binden. Nach der Thronbesteigung Wilhelms II. gewann das Militär mehr Einfluss auf die Außenpolitik. Der Kaiser und seine Ratgeber gingen davon aus, dass nur militärische Stärke dem Deutschen Reich internationale Anerkennung bringen würde. Diese Vorstellung fand breiten Rückhalt in der militärisch geprägten Kultur der Zeit (Militarismus).

8.3 Imperialismus und Erster Weltkrieg

109 **1914–1918** *Der Erste Weltkrieg beendet die Führungsrolle Europas auf der Welt.*

110 **1919** *Der Vertrag von Versailles legt die Grundlagen für die europäische Nachkriegsordnung fest.*

111 **Imperialismus** (lat. *imperium*: Herrschaft): „Großreichspolitik" in allen Epochen. Im engeren Sinne seit dem letzten Drittel des 19. Jahrhunderts die direkte oder indirekte Herrschaft wirtschaftlich-industriell entwickelter Mächte Europas, der USA und Japans über unterlegene Regionen, die zu Kolonien (↗ *Kolonisation* **19**) wurden.

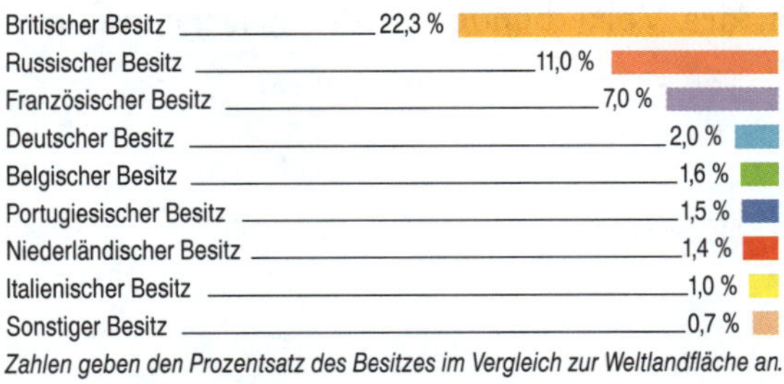

Die Aufteilung der Welt 1914.

112 **Oktoberrevolution**: Sturz der Provisorischen Regierung in Russland am 25./26. Oktober (7./8. November) 1917 und gewaltsamer Aufbau einer kommunistischen Gesellschafts- und Wirtschaftsordnung.

113 **Vertrag von Versailles**: Ergebnis der Pariser Friedenskonferenz von ↗ *1919* (**110**), an der das Deutsche Reich und Sowjetrussland nicht teilnehmen durften. Der Vertrag wurde am 28. Juni 1919 im Schloss Versailles bei Paris unterschrieben, trat am 10. Januar 1920 in Kraft und beendete – mit anderen Verträgen –

formal den Ersten Weltkrieg. Er machte das Reich und seine Verbündeten verantwortlich für den Kriegsausbruch (Art. 231) und belastete es mit weitreichenden Gebietsabtretungen und Reparationen. Die gegen das Deutsche Reich verbündeten Staaten (Alliierten) bestanden auf einer vorbehaltlosen Anerkennung des Vertrages. Die Bedingungen führten vor und nach der Unterzeichnung zu scharfen innenpolitischen Auseinandersetzungen im Reich.

114 **Völkerbund**: durch den ↗ *Vertrag von Versailles* **113** im Jahre 1920 gegründete internationale Organisation zur Wahrung des Friedens und zur Zusammenarbeit aller Völker mit Sitz in Genf/Schweiz. Der Völkerbund litt darunter, dass die Vereinigten Staaten von Amerika ihm nicht beitraten. Nachfolgeorganisation des Völkerbundes ist die 1945 gegründete ↗ *UNO* **157**.

Inhalt

Im letzten Viertel des 19. Jh. wetteiferten die Großmächte um den Besitz von Kolonien (↗ *Kolonisation* **19**) vor allem in Afrika und Asien. Die Gründe für diese imperialistische Politik (↗ *Imperialismus* **111**) waren in erster Linie wirtschaftlicher und militärischer Natur. Teilweise sollte auch Siedlungsraum für die wachsende Bevölkerung geschaffen und von sozialen Konflikten im Inneren abgelenkt werden. Gerechtfertigt wurde der Imperialismus in Europa mit der vermeintlichen Überlegenheit der weißen Rasse sowie mit nationalistischen Ansprüchen (↗ *Nationalismus* **94**). Die Kolonialherrschaft zerstörte alte Kulturen, überlieferte Wirtschaftsformen und bestehende Grenzen. Widerstand gegen die Fremdherrschaft wurde unterdrückt oder niedergeschlagen. Unter Kaiser Wilhelm II. strebte das ↗ *Deutsche Kaiserreich* **100** eine Weltmachtstellung an. Da Großbritannien, Frankreich und Russland sich von der deutschen Außenpolitik bedroht fühlten, legten sie ihre Kolonialstreitigkeiten bei und sicherten sich Hilfe für den Fall eines deutschen Angriffs zu. Dem Deutschen Reich blieb von den Großmächten allein Österreich-Ungarn als Bündnispartner.
Zum Hauptkonfliktgebiet zwischen den europäischen Großmächten wurde nach 1905 der Balkan. Dort waren Österreich-Ungarn und Serbien direkte Gegner, da beide Staaten Gebiete des zerfallenden Osmanischen Reiches beanspruchten. Die Lage wurde verschärft, da Russland Serbien und das Deutsche Reich Österreich-Ungarn unterstützte.
Die Ermordung des österreichischen Thronfolgerpaares in Sarajevo 1914 lieferte den Anlass für den Ersten Weltkrieg (↗ **109**). Zuvor hatten Politiker und Militärs aller europäischen Großmächte mehr darüber nachgedacht, wie ein Krieg zu gewinnen, nicht wie er zu verhindern sei. Nachdem Österreich-Ungarn den Krieg gegen Serbien begonnen hatte, bestimmten nur noch militärische Planungen das Handeln der Großmächte. Der Krieg zwischen den Mittelmächten (Deut-

sches Reich und Österreich-Ungarn) und der Entente (Frankreich, Großbritannien, Russland) setzte ein, nachdem deutsche Soldaten durch das neutrale Belgien nach Frankreich marschiert waren. Es kam zu einem jahrelangen Stellungskampf mit großem Einsatz von Menschen und neuen Waffen (Giftgas, Panzer, U-Boote und Flugzeuge). Der Kampf um Verdun 1916 wurde zum Symbol für das grauenhafte und sinnlose Massensterben im Ersten Weltkrieg. Als die USA 1917 in den Krieg eintraten, wendete sich das Blatt gegen die Mittelmächte.
Der für Russland ungünstige Verlauf des Ersten Weltkriegs, wirtschaftliche Probleme und immer heftigere Proteste fast aller Bevölkerungsschichten zwangen 1917 den Zaren zur Abdankung. Den folgenden Machtkampf zwischen den bürgerlichen Demokraten und den Anhängern einer sozialistischen (↗ *Sozialismus* **106**) Rätebewegung (Sowjets) entschieden die Bolschewiki in der ↗ *Oktoberrevolution* **112** für sich. Das neue Regime verstaatlichte Betriebe und Banken und enteignete die Gutsbesitzer. Seine Macht hielt es trotz verlorener Wahlen mit Terror aufrecht.
Mit dem ↗ *Vertrag von Versailles* **113** zwischen dem Deutschen Reich, das inzwischen zur ↗ *Republik* **32** geworden war, und den Alliierten endete der Erste Weltkrieg 1918. Der Vertrag von ↗ *1919* (**110**) trat am 10. Januar 1920 in Kraft. Er enthielt für das Reich einschneidende territoriale, wirtschaftliche und militärische Bestimmungen. In dem Vertrag von Versailles war auch die Gründung des ↗ *Völkerbundes* **114** festgelegt worden. Er sollte einen Beitrag zur Sicherung des Friedens leisten.

9 Widerstreit der Ideologien und Systeme im 20. Jahrhundert

9.1 Die Weimarer Republik

15 **1918** *Die Novemberrevolution beendet die Monarchien im Deutschen Reich.*

16 **1923** *Der Hitler-Putsch in München scheitert.*

17 **1929** *Der New Yorker Börsenkrach leitet eine Weltwirtschaftskrise ein.*

18 **Hitler-Putsch**: misslungener Versuch Adolf Hitlers, des Vorsitzenden der republikfeindlichen und antisemitischen (↗ *Antisemitismus* **126**) Nationalsozialistischen Deutschen Arbeiterpartei (↗ *Nationalsozialismus* **133**), am 8./9. November ↗ *1923* (**116**) in Bayern die Macht gewaltsam an sich zu reißen und mit einem „Marsch auf Berlin“ die Reichsregierung in Berlin zu stürzen. Während des ↗ *„Dritten Reiches“* **127** wurde der 9. November als „Tag der nationalen Erhebung“ gefeiert.

19 **Inflation** (lat. *inflatio*: Anschwellen): anhaltende Geldentwertung. Ihr Kennzeichen ist das rasche Ansteigen aller Preise. Opfer der Inflation sind vor allem die Menschen, die von Ersparnissen leben. Zu Inflationen kam es nach dem Ersten Weltkrieg (↗ **109**) in fast allen kriegführenden Staaten.

20 **Weimarer Verfassung**: die 1919 von der in Weimar tagenden Nationalversammlung erarbeitete ↗ *Verfassung* **95**. Sie trat am 11. August 1919 in Kraft und machte das ↗ *Deutsche Kaiserreich* **100** zur ↗ *Republik* **32** und parlamentarischen ↗ *Demokratie* **16** (↗ *Parlament* **77**). Die Verfassung enthielt umfangreiche Grundrechte (↗ *Menschenrechte* **90**) und wies dem ↗ *Reichstag* **104** eine zentrale Rolle im Gesetzgebungsverfahren zu. Trotzdem

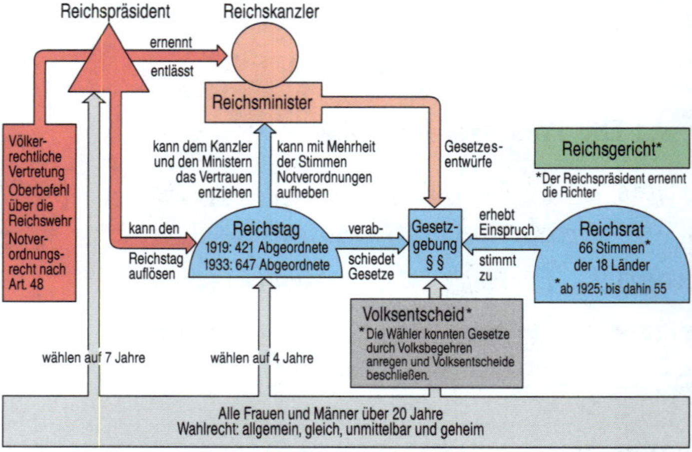

Die Weimarer Verfasssung.

war der Reichspräsident das mächtigste Verfassungsorgan, da der Reichskanzler sein Vertrauen benötigte, er den Reichstag auflösen konnte und das Recht hatte, Notverordnungen mit Gesetzeskraft zu erlassen. Dieses Nebeneinander von Präsidentenmacht und Parlamentsdemokratie führte in der Endphase der Weimarer Republik zu Problemen.

Inhalt

Die deutsche Heeresleitung gestand im September 1918 die Niederlage im Ersten Weltkrieg (↗ **109**) ein. Während der Waffenstillstandsverhandlungen dankte Kaiser Wilhelm II. nach zahlreichen revolutionären Aktionen ab. Auch in den deutschen Einzelstaaten endete die Fürstenherrschaft im November ↗ *1918* (**115**).

Im Reich übernahm ein „Rat der Volksbeauftragten" aus SPD- und USPD-Politikern die Macht und bereitete eine Verfassunggebende Nationalversammlung vor. Anhänger der Rätebewegung konnten sich nicht durchsetzen. Die Übergangsregierung steuerte einen Kurs der Kompromisse.

Sie arbeitete mit den alten Eliten aus Wirtschaft, Justiz und Militär zusammen.
Grundlage der Weimarer Republik war die demokratische ↗ *Verfassung* **95** von 1919 (↗ *Weimarer Verfassung* **120**). Sie machte das Deutsche Reich zu einer parlamentarischen ↗ *Republik* **32**, in der erstmals auch Frauen das aktive und passive Wahlrecht besaßen.
Die neue deutsche Regierung musste die harten Bedingungen des ↗ *Vertrages von Versailles* **113** akzeptieren. In der Folgezeit überschatteten ↗ *Inflation* **119** und Reparationen, linke und rechte Putschversuche und zahlreiche Attentate erste Erfolge in der Innen- und Außenpolitik. Die politische Ordnung der Weimarer Republik blieb auch nach dem gescheiterten ↗ *Hitler-Putsch* **118** von ↗ *1923* (**116**) umstritten.
Der New Yorker Börsenkrach von ↗ *1929* (**117**) unterbrach die allmähliche Erholung der deutschen Wirtschaft nach der Inflation von 1923. Firmen brachen zusammen und Millionen wurden arbeitslos. Die Wirtschaftskrise ließ die antidemokratischen und republikfeindlichen Parteien erstarken, besonders die NSDAP und die KPD. Da im ↗ *Reichstag* **104** ab 1930 keine handlungsfähigen politischen Mehrheiten mehr zustande kamen, waren die Regierungen auf das Vertrauen des Reichspräsidenten angewiesen (Präsidialkabinette). Sie regierten zunehmend mit Notverordnungen nach Artikel 48 der Verfassung, d.h. mit Gesetzen, die vom Reichspräsidenten und der Regierung ohne parlamentarische Zustimmung (↗ *Parlament* **77**) erlassen wurden.
Als die NSDAP in den Reichstagswahlen vom November 1932 zur stärksten Partei im Reichstag und die politische Lage nicht besser wurde, ernannte Reichspräsident Paul von Hindenburg den Vorsitzenden der NSDAP, Adolf Hitler, am 30. Januar 1933 zum Reichskanzler.

9.2 Nationalsozialismus und Zweiter Weltkrieg

121 **30. Januar 1933** *Reichspräsident Paul von Hindenburg ernennt Adolf Hitler, den Führer der rechtsradikalen NSDAP, zum Reichskanzler.*

122 **1933** *Das „Ermächtigungsgesetz" gibt der Regierung des Reichskanzlers Adolf Hitler diktatorische Macht; Länder, Gemeinden und Verbände werden „gleichgeschaltet"; die NSDAP wird einzige Partei.*

123 **9. November 1938** *Die Nationalsozialisten gehen gewaltsam gegen Juden vor, um sie aus Deutschland zu vertreiben („Novemberpogrom").*

124 **1. September 1939** *Mit dem deutschen Angriff auf Polen beginnt der Zweite Weltkrieg; die systematische Vernichtung der europäischen Juden beginnt.*

125 **20. Juli 1944** *Das gescheiterte Attentat auf Hitler ist der Höhepunkt des militärischen Widerstandes.*

126 **Antisemitismus**: wörtlich „Semitenfeindschaft" (*Semiten*: Völker in Vorderasien und Nordafrika). Der um 1880 in Deutschland entstandene Begriff bezeichnet die seit dem 1. Jh. bestehende Ablehnung oder Bekämpfung von Juden (↗ *Judentum* **8**) aus religiösen oder sozialen Gründen sowie die seit der 2. Hälfte des 19. Jh. rassisch (biologisch) begründete Judenfeindschaft. Der ↗ *Nationalsozialismus* **133** stellte den Antisemitismus ins Zentrum seiner „Weltanschauung" und Politik, deren Maßnahmen vom Boykott bis zur systematischen Vernichtung der Juden (↗ *Holocaust* **129**) reichte.

127 **„Drittes Reich"**: Nach dem Zusammenbruch von 1918 tauchte unter national denkenden Politikern die Forderung auf, nach den beiden deutschen Kaiserreichen (962 bis 1806 und 1871 bis 1918), ein drittes Reich entstehen zu lassen. Mit der ↗ *„Machtergreifung"* **131** der Nationalsozialisten (↗ *Nationalsozialismus* **133**) von 1933 wurde es üblich, vom „Dritten Reich" zu sprechen.

128 **„Gleichschaltung"**: So nannten die Nationalsozialisten (↗ *Nationalsozialismus* **133**) ihre Maßnahmen, Staat, Gesellschaft und Kultur mit ihrer Partei personell und ideologisch zu durchdringen und damit zu beherrschen. Die „Gleichschaltung" beendete die ↗ *Gewaltenteilung* **87**. Nach der ↗ *„Machtergreifung"* **131** nahmen die Nationalsozialisten den Ländern ihre Eigenständigkeit, führten eine Einparteienherrschaft ein, kontrollierten die Medien, lösten nichtnationalsozialistische Verbände und Einrichtungen auf und integrierten sie in ihre Organisationen.

129 **Holocaust**: Der Begriff bedeutet im Englischen „Inferno, Zerstörung", eigentlich „Brandopfer". Er kommt von griech. *holócaustos*, was „völlig verbrannt" bedeutet. Der Begriff kam 1978 nach der gleichnamigen US-Fernsehserie als Bezeichnung für die systematische Ermordung von rund sechs Millionen europäischer Juden (↗ *Judentum* **8**) während des ↗ *„Dritten Reiches"* **127** in den allgemeinen Sprachgebrauch. Im Hebräischen wird dafür der Begriff *Shoah* (Katastrophe) gebraucht.

1996 wurde der 27. Januar zum nationalen „Holocaust-Gedenktag" erklärt. Das Datum erinnert an die Befreiung des ↗ *Konzentrations- und Vernichtungslagers* **130** Auschwitz. Seit 2006 wird der „Tag des Gedenkens an die Opfer des Holocausts" auf Beschluss der ↗ *UNO* **157** weltweit begangen.

130 **Konzentrations- und Vernichtungslager**: Konzentrationslager (KZ) wurden erstmals Anfang des 20. Jh. zur Gefangenhaltung politischer Gegner gebaut. Ab 1923 richtete der sowjetische Diktator Stalin Zwangsarbeitslager ein. Nach der ↗ *„Machtergreifung"* **131** der Nationalsozialisten (↗ *Nationalsozialismus* **133**) entstanden 1933 im Deutschen Reich die ersten KZ. Die von Deutschen ab 1941 im besetzten Polen eingerichteten Lager dienten der nationalsozialistischen Rassenpolitik (↗ *Antisemitismus* **126**). In den Vernichtungslagern Auschwitz, Majdanek und Treblinka wurden Juden, Sinti und Roma sowie andere verfolgte Menschen millionenfach ermordet (↗ *Holocaust* **129**).

131 **„Machtergreifung"**: nationalsozialistische Bezeichnung für die Umwandlung der *Weimarer Republik* in den nationalsozialistischen Staat (↗ *„Drittes Reich"* **127**, ↗ *Nationalsozialismus* **133**). Ihre Grundlage war die Übergabe der Regierung an Adolf Hitler am ↗ *30. Januar 1933* (**121**). An dem Tag wurde er vom Reichspräsidenten Hindenburg zum Reichskanzler einer Koalitionsregierung ernannt. Es folgte die schrittweise ↗ *„Gleichschaltung"* **128** von Staat, Gesellschaft und Kultur.

132 **Münchener Abkommen**: ein am 30. September 1938 zwischen den Regierungschefs Deutschlands, Italiens, Großbritanniens und Frankreichs ohne die Tschechoslowakei abgeschlossener Vertrag. Er legte fest, dass die überwiegend von Deutschen bewohnten Grenzgebiete Böhmens (Sudetenland) an das Deutsche Reich abzutreten seien. Großbritannien und Frankreich stimmten dieser Forderung Hitlers zu, um die angespannte Lage zu beruhigen. Doch ihre Appeasement-Politik (engl. *appeasement*: Beruhigung, Beschwichtigung) griff nicht; im März 1939 ließ Hitler ganz Böhmen und Mähren besetzen.

133 **Nationalsozialismus**: Von 1933 bis 1945 übte die republikfeindliche und antisemitische (↗ *Antisemitismus* **126**) Nationalsozialistische Deutsche Arbeiterpartei (NSDAP) die Herrschaft im Deutschen Reich aus (↗ *„Drittes Reich"* **127**). Nach der ↗ *„Machtergreifung"* **131** führten das Ermächtigungsgesetz und die ↗ *„Gleichschaltung"* **128** zum Ende der parlamentarischen ↗ *Republik* **32** und des Rechtsstaates. Die nationalsozialistische Politik war verantwortlich für die Entfesselung des Zweiten Weltkrieges und den Völkermord an den Juden (↗ *Holocaust* **129**), Sinti und Roma.

134 **„Nürnberger Gesetze"**: Bezeichnung für die am 15. September 1935 von den Nationalsozialisten (↗ *Nationalsozialismus* **133**) auf dem „Reichsparteitag der Freiheit" in Nürnberg verabschiedeten antisemitischen Rassegesetze (↗ *Antisemitismus* **126**). Juden (↗ *Judentum* **8**) verloren das Wahlrecht und durften keine öffentlichen Ämter mehr übernehmen. Eheschließungen zwischen Juden und Nichtjuden wurden verboten. Verstöße konnten mit Gefängnis bestraft werden.

135 **Widerstand**: allgemein die Bezeichnung für die Opposition gegen Hitler und den ↗ *Nationalsozialismus* **133**. Im engeren Sinne war Widerstand das Verhalten von Personen und Gruppen, die das NS-Regime als Ganzes ablehnten und aktiv beseitigen wollten. Höhepunkt des militärischen Widerstandes war der ↗ *20. Juli 1944* (**125**). Beispiele des zivilen Widerstands sind der Versuch des Tischlers Georg Elser, Hitler am 9. November 1938 im Münchener Bürgerbräukeller umzubringen, und die Flugblattaktionen der „Weißen Rose" von 1942/43.

Inhalt

Vier Jahre nach dem Ersten Weltkrieg konnte in Italien der autoritäre Führer der faschistischen Bewegung, Benito Mussolini, mit Billigung des Königs und der Kirche eine Diktatur (↗ *Diktator* **26**) errichten. Sie löste die innenpolitischen Probleme nicht. In der Sowjetunion wurde Stalin 1924 Nachfolger Lenins. Er begann mit dem „Aufbau des ↗ *Sozialismus* **106** in einem Land", nachdem weitere Revolutionen in den westlichen Industriestaaten ausblieben und keine Kommunisten an die Macht kamen. Die Alleinherrschaft der KPdSU, große Hungersnöte, erzwungene Umsiedlungen, Arbeitslager, Terror und Gewalt gegenüber jeder Form von Opposition sowie Propaganda und Personenkult kennzeichneten Stalins totalitäre, alle Lebensbereiche der Menschen betreffende, Herrschaft.

Am ↗ *30. Januar 1933* (**121**) ernannte der Reichspräsident Adolf Hitler zum Reichskanzler. Auf die „Machtübergabe" folgte die ↗ *„Machtergreifung"* **131**. Hitler stellte sich an die Spitze des ↗ *„Dritten Reiches"* **127**. Mit dem „Ermächtigungsgesetz" entmachtete sich der Reichstag ↗ *1933* (**122**) selbst. Die Grundrechte wurden außer Kraft gesetzt, die KPD zerschlagen, die SPD verboten und die bürgerlichen ↗ *Parteien* **103** in die Selbstauflösung getrieben. Die Länderregierungen wurden ebenso „gleichgeschaltet" wie Gewerkschaften, andere Verbände sowie Kunst und Kultur (↗ *„Gleichschaltung"* **128**), d.h. Nationalsozialisten traten an ihre Spitzen. Alle Teile der Bevölkerung – und vor allem die Jugend – wurden in zahlreichen Parteiorganisationen erfasst. Gestapo und Sicherheitsdienst der SS überwachten die Menschen. Politische Gegner wurden in Konzentrationslager verschleppt und fast jeder ↗ *Widerstand* **135** unterdrückt.

Wesentlicher Bestandteil der nationalsozialistischen Weltanschauung (↗ *Nationalsozialismus* **133**) war der ↗ *Antisemitismus* **126**. Mit den ↗ *„Nürnberger Gesetzen"* **134** von 1935 entrechteten die Nazis die jüdischen Mitbürger aus rassistischen Gründen. Am ↗ *9. November 1938* (**123**) versuchten sie, die Juden (↗ *Judentum* **8**) mit Gewalt aus Deutschland zu vertreiben. In der Außenpolitik wollten Hitler und das Militär den ↗ *Vertrag von Versailles* **113** ändern, ein „Großdeutsches Reich" errichten und „Lebensraum" im Osten erobern. 1938 erzwang Hitler den „Anschluss" Österreichs. Das ↗ *Münchener Abkommen* **132**, das dem Deutschen Reich im September 1938 das Sudetenland zugesprochen hatte, wurde im März 1939 mit dem Einmarsch der Wehrmacht in die „Rest-Tschechei" gebrochen. Der Zweite Weltkrieg begann am ↗ *1. September 1939* (**124**) mit dem deutschen Angriff auf Polen, dessen Aufteilung Hitler und Stalin wenige Tage zuvor in einem Nichtangriffspakt vereinbart hatten. Großbritannien und Frankreich erklärten daraufhin Deutschland den Krieg. Im Sommer 1941 marschierten deutsche Truppen in die Sowjetunion ein. Der japanische Überfall auf den US-Stützpunkt Pearl Harbor führte zur amerikanischen Kriegserklärung an Japan. Hitler stellte sich auf die Seite Japans und erklärte den USA den Krieg. Während des Krieges wurden aus rassistischen und politischen Motiven etwa sechs Millionen europäische Juden (↗ *Holocaust* **129**) und Angehörige anderer Minderheiten in ↗ *Konzentrations- und Vernichtungslagern* **130** ermordet. Ein Versuch hoher Offiziere, Hitler durch ein Attentat am ↗ *20. Juli 1944* (**125**) zu beseitigen, scheiterte. Am Ende des Zweiten Weltkrieges hatten über 55 Millionen Menschen ihr Leben verloren.

9.3 Deutsche Teilung und Ost-West-Konflikt bis in die 1960er-Jahre

136 **8. Mai 1945** *Mit der bedingungslosen Kapitulation Deutschlands endet der Zweite Weltkrieg in Europa.*

137 **1946** *Der Freistaat Bayern erhält unter der amerikanischen Besatzung eine neue Verfassung.*

138 **23. Mai 1949** *Die Ministerpräsidenten der Länder und die Landtagspräsidenten mit den Mitgliedern des Parlamentarischen Rates unterzeichnen in Bonn das Grundgesetz für die Bundesrepublik Deutschland.*

139 **1949** *Die Bundesrepublik Deutschland und die DDR werden gegründet, die Bundesrepublik mit dem Einverständnis der drei Westmächte, die DDR unter sowjetischem Einfluss.*

140 **17. Juni 1953** *Volksaufstand gegen das DDR-Regime.*

141 **1961** *Bau der Mauer durch Berlin (13. August).*

142 **Bedingungslose Kapitulation**: Forderung der Vereinigten Staaten und Großbritanniens von 1943 gegenüber Deutschland, Italien und Japan. Diese für den Zweiten Weltkrieg verantwortlichen Staaten sollten sich ergeben und anschließend von den Siegermächten politisch neu geordnet werden, ohne dafür Bedingungen stellen zu dürfen.

143 **Besatzungszonen**: Deutschland und Österreich wurden nach dem Zweiten Weltkrieg von den Siegermächten in vier Besatzungszonen aufgeteilt – eine amerikanische, eine britische, eine französische und eine sowjetische.

„Lied bei der Arbeit. Das ganze Deutschland soll es sein." Karikatur von H. E. Köhler von 1949.

144 **Deutsche Frage**: Nach dem Scheitern der Viermächte-Verwaltung Deutschlands 1948 und der Gründung der Bundesrepublik Deutschland und der DDR ↗ *1949* (**139**) war das Ziel der westdeutschen Politik, die Einheit Deutschlands nach dem Selbstbestimmungsrecht des deutschen Volkes wiederherzustellen. Erst das Ende des ↗ *Kalten Krieges* **147** ermöglichte am ↗ *3. Oktober 1990* (**167**) die friedliche Wiedervereinigung.

145 **Entnazifizierung**: politische Säuberung der Siegermächte in den ↗ *Besatzungszonen* **143**, die nach 1946 von deutschen Spruchkammern weitergeführt wurde. Ziel war es, alle NS-Organisationen aufzulösen, das Rechtssystem von nationalsozialistischen Einflüssen (↗ *Nationalsozialismus* **133**) zu reinigen und alle Frauen und Männer, die dem NS-Staat und seinen Organisationen in leitenden Funktionen dienten, zu bestrafen. In der Sowjetischen Besatzungszone wurde die Entnazifizierung dazu genutzt, um einen kommunistischen Staat aufzubauen, in den westlichen Besatzungszonen erhielten belastete Fachleute eine neue Chance, wenn sie für den Wiederaufbau gebraucht wurden.

146 **Flucht und Vertreibung**: Gemeint ist sowohl die am Ende des Zweiten Weltkrieges einsetzende Flucht von Deutschen aus

den deutschen Ostgebieten vor der sowjetischen Armee und ihren osteuropäischen Verbündeten als auch die auf den Kriegskonferenzen (↗ *Konferenz von Potsdam* **148**) beschlossene Ausweisung und Zwangsumsiedlung der in den deutschen Ostgebieten und den deutschen Siedlungsgebieten im Ausland lebenden Deutschen nach 1945; ihre Zahl wird auf etwa 12 Mio. (1950) geschätzt.

147 **Kalter Krieg**: Der Begriff bezeichnet seit 1946/47 den politischen, wirtschaftlichen und militärischen Konkurrenzkampf zwischen den Großmächten USA und UdSSR und ihren Bündnissen (↗ *NATO* **149** und ↗ *Warschauer Pakt* **151**). Höhepunkte des Ost-West-Gegensatzes waren die Blockade Westberlins von 1948, der Korea-Krieg zwischen 1950 und 1953, der Bau der Berliner Mauer ↗ *1961* (**141**) und die Kuba-Krise von ↗ *1962* (**158**). Ende der 1960er-Jahre wurde der Kalte Krieg durch die ↗ *Entspannungspolitik* **161** abgelöst. Die Stationierung neuer sowjetischer Mittelstreckenraketen in Europa führte ab 1984 zu einer „Politik der Stärke und des Dialogs" (Aufrüstung und gleichzeitige Verhandlungen). Mit dem Umbruch in Ost- und Mitteleuropa endete 1990/91 der Kalte Krieg. In Europa schlossen sich zahlreiche ost- und mitteleuropäische Staaten der NATO und der EU an (↗ *Osterweiterung* **172**). Die USA wurden zur einzigen (unilateralen) Weltmacht.

148 **Konferenz von Potsdam**: die letzte große Kriegs- und erste Nachkriegskonferenz in Europa vom 17. Juli bis 2. August 1945. Teilnehmer waren die Regierungschefs der Vereinigten Staaten, Großbritanniens und der Sowjetunion. Verhandelt wurden die Zukunft Deutschlands und das Ende des Krieges in Fernost. Für Deutschland einigten sich die „Großen Drei" u.a. auf folgende Ziele:

- Deutschland soll als wirtschaftliche Einheit behandelt werden
- Die Gebiete östlich der Oder und Görlitzer Neiße sollen bis

zur endgültigen Festlegung durch einen Friedensvertrag mit Deutschland unter polnischer und sowjetischer Verwaltung stehen
- Demilitarisierung (Entwaffnung)
- Demontage (Abbau kriegswichtiger Industrien)
- die Verurteilung von Kriegsverbrechern und verantwortlichen Nationalsozialisten (↗ *Entnazifizierung* **145**)
- Demokratisierung des politischen Lebens
- Dezentralisierung der Verwaltung und Entflechtung der Wirtschaft

149 **NATO** (*North Atlantic Treaty Organization*): Zehn westeuropäische Staaten, die USA und Kanada gründeten 1949 die Nordatlantische Verteidigungsgemeinschaft als Militärbündnis, um sich gemeinsam gegen einen möglichen Angriff der Sowjetunion zu verteidigen und politisch für Frieden und Freiheit einzutreten. Die Bundesrepublik Deutschland trat ihr 1955 bei.
Nach dem Zusammenbruch des ↗ *Warschauer Pakts* **151** (1991) begann die Osterweiterung der NATO. 1999 wurden zum Missfallen Russlands Polen, Ungarn und die Tschechische Republik aufgenommen, 2004 folgten Litauen, Lettland und Estland, 2009 Albanien und Kroatien. Seitdem gehören ihr 28 Staaten an; ihr Sitz ist Brüssel.

150 **Währungsreform**: Einführung einer neuen Währung. Im Jahr 1948 Neuordnung des durch die Kriegsfinanzierung zerrütteten deutschen Geldwesens (↗ *Inflation* **119**) durch die Siegermächte; in den westlichen ↗ *Besatzungszonen* **143** wurde die *Deutsche Mark,* in der Sowjetischen Besatzungszone die *D-Mark* (später *Mark der DDR*) eingeführt. Die unterschiedlichen Währungen vertieften die Teilung Deutschlands (↗ *Deutsche Frage* **144**).

151 **Warschauer Pakt** (*Warschauer Vertragsorganisation*): Das Bündnis bestand von 1955 bis 1991. Unter Führung der Sowjetunion

fasste es alle militärischen Kräfte Osteuropas, einschließlich der DDR, gegen die ↗ *NATO* **149** zusammen.

152 **Westintegration**: die politische, wirtschaftliche, militärische und kulturelle Einbindung der Bundesrepublik nach 1945 in die westliche Welt, insbesondere in die ↗ *NATO* **149** und Europa (↗ *Europäische Einigung* **154**). Als ihr Wegbereiter gilt der erste Bundeskanzler Konrad Adenauer (CDU).

Inhalt

Europas Städte und Infrastruktur waren 1945 stark zerstört. Das Deutsche Reich war nach der ↗ *bedingungslosen Kapitulation* **142** vom ↗ *8. Mai 1945* (**136**) ohne Regierung und die Menschen litten Hunger. Auf der ↗ *Konferenz von Potsdam* **148** vereinbarten die „Großen Drei" die Demontage, Denazifizierung, Demokratisierung und Dezentralisierung Deutschlands, das sie in vier ↗ *Besatzungszonen* **143** aufteilten. Strittig blieben die Höhe der Reparationszahlungen und der Verlauf der Ostgrenze. Berlin wurde in vier Sektoren aufgeteilt und unter gemeinsame Verwaltung der Siegermächte gestellt. Durch ↗ *Flucht und Vertreibung* **146** aus den ehemaligen deutschen Ostgebieten verloren Millionen Deutsche ihre Heimat.
Die erste Auseinandersetzung mit den Verbrechen der Nationalsozialisten (↗ *Nationalsozialismus* **133**) begann mit dem Nürnberger Prozess im November 1945. Die systematisch begonnene ↗ *Entnazifizierung* **145** wurde in den westlichen Besatzungszonen allmählich aufgegeben, um den Wiederaufbau nicht zu behindern. In der Sowjetischen Besatzungszone (SBZ) nutzten die Machthaber die Entnazifizierung für den Aufbau einer kommunistischen Gesellschaftsordnung. Im April 1946 vereinigten sich in der SBZ die SPD und KPD zur SED. Sie herrschte diktatorisch, führte die Planwirtschaft ein und leitete eine Bodenreform ein. Dagegen begann der

demokratische Neuanfang (↗ *Demokratie* **16**) in den drei Westzonen zunächst in den Gemeinden. Im September 1945 wurden in der amerikanischen Besatzungszone die ersten Bundesländer gegründet, darunter der Freistaat Bayern (↗ **137**). Während in der SBZ die Planwirtschaft nach sowjetischem Vorbild eingeführt wurde, entschied sich der Westen für die Einführung der Sozialen Marktwirtschaft, in der Angebot und Nachfrage Produktion und Verteilung von Gütern und ihre Preise regeln. Das im Juni 1947 im Zusammenhang mit dem entstehenden ↗ *Kalten Krieg* **147** verkündete amerikanische Wiederaufbauprogramm (Marshall-Plan) stützte den wirtschaftlichen Aufstieg im Westen. Dazu trug auch 1948 die ↗ *Währungsreform* **150** mit der Einführung der Deutschen Mark (DM) bei. Die Sowjets und die SED reagierten darauf mit einer eigenen Währungsreform und der Berlin-Blockade. Sie versperrten die Zufahrtswege nach Westberlin. Flugzeuge der Westalliierten versorgten die Westberliner fast ein Jahr lang. Die Viermächte-Verwaltung Deutschlands und Berlins war damit gescheitert und die Teilung Deutschlands vorgezeichnet. ↗ *1949* (**139**) wurden zwei deutsche Staaten gegründet: die Deutsche Demokratische Republik und die Bundesrepublik Deutschland. Mit der DDR entstand ein von Moskau abhängiger Staat, in dem die SED diktatorisch herrschte. Innenpolitische Grundlage der Bundesrepublik wurde das am ↗ *23. Mai 1949* (**138**) unterzeichnete Grundgesetz.

Konrad Adenauer, der erste Bundeskanzler, setzte außenpolitisch auf die Bindung an den Westen (↗ *Westintegration* **152**). Dazu zählte für ihn nicht nur die enge Zusammenarbeit mit den USA in der ↗ *NATO* **149**, sondern auch die Überwindung des deutsch-französischen Gegensatzes, der wirtschaftliche und politische Zusammenschluss der westeuropäischen Staaten (↗ *Europäische Einigung* **154**) und die Aussöhnung mit Israel. Um die staatliche Souveränität der Bundesrepublik zu erreichen, akzeptierte Adenauer die Wiederbewaffnung und

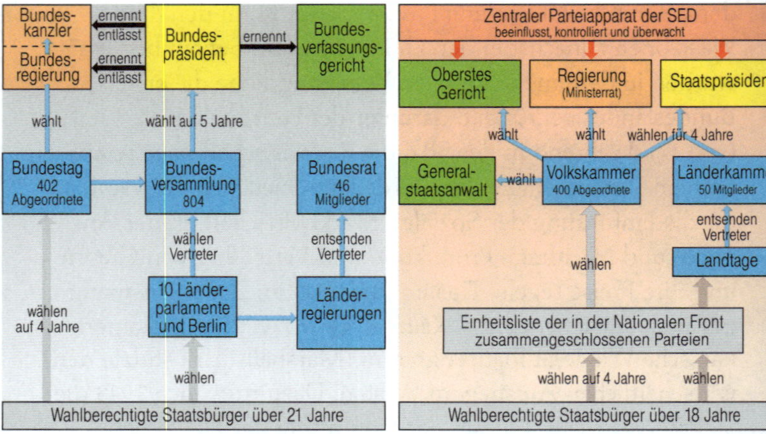

Politische Ordnung der Bundesrepublik 1949. **Politische Ordnung der DDR 1949.** *Während die politische Ordnung der Bundesrepublik bis heute im Wesentlichen unverändert geblieben ist, änderte sich die DDR-Verfassung mehrfach. 1952 wurden die Länder abgeschafft, 1958 die Länderkammern aufgelöst und 1960 der Staatspräsident durch einen Staatsrat ersetzt. 1972 wurde in der Bundesrepublik Deutschland das Wahlalter auf 18 Jahre gesenkt.*

die Eingliederung in die NATO. Die Sowjetunion nahm dies zum Anlass, den ↗ *Warschauer Pakt* **151** zu gründen. Während der westdeutsche Staat in den 1950er- und 1960er-Jahren ein „Wirtschaftswunder" erlebte, litt die DDR unter wirtschaftlichen Problemen und politischen Zwängen. Dagegen lehnte sich die Bevölkerung am ↗ *17. Juni 1953* (**140**) in einem Volksaufstand auf. Sie stellte nicht nur wirtschaftliche Forderungen, sondern verlangte auch freie Wahlen und die Wiedervereinigung. Der Aufstand wurde niedergeschlagen, die Unzufriedenheit blieb. Immer mehr Menschen verließen die DDR. Um die Abwanderung in die Bundesrepublik Deutschland zu unterbinden, ließ die SED-Regierung nach Absprache mit der Sowjetregierung am 13. August ↗ *1961* (**141**) eine Mauer quer durch Berlin errichten und die deutsch-deutsche Grenze absperren. Der Westen protestierte, angesichts des atomaren Patts nahm er aber die Teilung hin.

9.4 Weltpolitische Veränderungen im Schatten des Kalten Krieges

53 **1963** *Der deutsche Bundeskanzler Konrad Adenauer und der französische Staatspräsident Charles de Gaulle unterzeichnen am 22. Januar in Paris einen Vertrag über die Zusammenarbeit beider Länder (Elysée-Vertrag).*

54 **Europäische Einigung**: Am Anfang des Einigungsprozesses nach dem Zweiten Weltkrieg stand die Zusammenarbeit der westeuropäischen Staaten im 1949 gegründeten *Europarat* und in der 1951 entstandenen *Europäischen Gemeinschaft für Kohle und Stahl* (EGKS). Der Erfolg führte 1957 zur Gründung der *Europäischen Wirtschaftsgemeinschaft* (EWG) und *Europäischen Atomgemeinschaft* (EURATOM). EGKS, EURATOM und EWG wurden 1967 zur *Europäischen Gemeinschaft* (EG) zusammengefasst. Sie erhielten gemeinsame Organe (Kommission, Ministerrat, Parlament und Gerichtshof) und vereinbarten eine intensive wirtschaftliche, außenpolitische, soziale, ökologische und kulturelle Zusammenarbeit.

Mit dem ↗ *Vertrag von Maastricht* **173** wurde das Staatenbündnis der EG zur *Europäischen Union* (EU). Zu den wichtigsten Veränderungen gehören die engere Zusammenarbeit in der Außen- und Wirtschaftspolitik und die Einführung des Euro, der gemeinsamen Währung (1999/2001). Nach der ↗ *Osterweiterung* **172** zählt die EU seit 2007 27 Mitgliedstaaten.

55 **Nahost-Konflikt**: Streit zwischen dem 1948 gegründeten Staat Israel, seinen arabischen Nachbarn und der palästinensischen Bevölkerung um das Existenzrecht Israels und die staatliche Organisation Palästinas. Mehrere Kriege und zahllose Terrorakte prägen bis heute den Konflikt.*

* *Siehe dazu auch Seite 90 f.*

156 **Nord-Süd-Konflikt**: Spannungen zwischen den hochentwickelten Industriestaaten auf der nördlichen und den „Entwicklungsländern“ auf der südlichen Erdhalbkugel. Diese Länder sind geprägt durch ein starkes Bevölkerungswachstum, schlechte Ernährung, Mängel im Gesundheits- und Bildungswesen, fehlende Arbeitsplätze, niedrige Löhne und eine wirtschaftliche Abhängigkeit von den Industrienationen.

157 **UNO** (*United Nations Organization*): Die Weltorganisation wurde 1945 in San Francisco als Nachfolgerin des ↗ *Völkerbundes* **114** gegründet. Der Organisation gehören inzwischen fast alle Staaten der Welt an. Ihre Hauptziele sind die Erhaltung des Friedens, Abrüstung und Garantie der ↗ *Menschenrechte* **90**; ihr Sitz ist New York.

Inhalt

Nach dem Zweiten Weltkrieg strebten früher verfeindete Staaten Westeuropas wie Deutschland und Frankreich mit amerikanischer Unterstützung die ↗ *Europäische Einigung* **154** an. Sie sahen darin die beste Möglichkeit für eine friedliche und demokratische Entwicklung im Innern (↗ *Demokratie* **16**) und einen Schutz gegen die kommunistische Bedrohung. Frankreich, Italien, Belgien, Luxemburg, die Niederlande und die Bundesrepublik Deutschland vereinbarten eine wirtschaftliche Zusammenarbeit in der Kohle- und Stahlindustrie (1951). Der Erfolg ermutigte sie, 1957 in Rom die Europäische Wirtschaftsgemeinschaft (EWG) zu gründen. Sie beschlossen, die Binnenzölle abzuschaffen und eine gemeinsame Landwirtschaftspolitik zu betreiben.

Grundlage der deutsch-französischen Beziehungen wurde der Elysée-Vertrag von ↗ *1963* (**153**) über die Zusammenarbeit in

der Außen- und Sicherheits-, der Bildungspolitik sowie der Jugendarbeit. Er beendete die „Erbfeindschaft“ beider Staaten, die durch mehrere Kriege gekennzeichnet war.
Der Zweite Weltkrieg beschleunigte den Prozess der Entkolonialisierung. Erster Höhepunkt war 1947 die von Gandhi friedlich erreichte Unabhängigkeit Indiens. 1960 erhielten 17 afrikanische Länder von den ehemaligen europäischen Kolonialmächten die Freiheit. Doch die in die Unabhängigkeit entlassenen neuen Staaten haben mit großen politischen, wirtschaftlichen und sozialen Schwierigkeiten zu kämpfen. Bis heute verursachen die willkürlich gezogenen Grenzen ebenso Probleme wie die Folgen der wirtschaftlichen Ausbeutung, der Verfall der Rohstoffpreise und die technologische Abhängigkeit von den Industriestaaten. Daraus entwickelte sich ein ↗ *Nord-Süd-Konflikt* **156**. Er wurde überlagert vom ↗ *Kalten Krieg* **147**. Der Osten und der Westen gewährten den neuen Staaten oft nur Wirtschafts- und Entwicklungshilfe, um ihre Einflusszonen zu vergrößern.
1917 hatte die britische Regierung, die im Auftrag des ↗ *Völkerbundes* **114** Teile des ehemaligen Osmanischen Reiches verwaltete, den Juden (↗ *Judentum* **8**) eine „nationale Heimstätte“ versprochen. Gleichzeitig machte sie den Palästinensern Hoffnungen auf einen eigenen Staat. Die Flucht vor dem ↗ *Holocaust* **129** hatte die Zahl der Juden in Palästina stark anwachsen lassen und die Konflikte zwischen ihnen und den Palästinensern verschärft. 1947 schlug die ↗ *UNO* **157** einen Kompromiss vor. Obwohl ihn die Palästinenser und alle anderen arabischen Staaten ablehnten, wurde 1948 der Staat Israel gegründet. Daraufhin griffen fünf arabische Nachbarstaaten den neuen Staat an. Der Westen unterstützte Israel, das sich in dem Krieg behauptete und aus Sicherheitsgründen auch Gebiete besetzte, die nicht in dem UN-Teilungsplan von 1947 festgelegt waren. Erst 1949 kam es auf Druck der Vereinten Nationen zu einem Waffenstillstand. Israel entwickelte

sich zum einzigen demokratischen Staat im Nahen Osten. Der Westen unterstützte ihn. Die arabischen Staaten fanden Rückhalt bei der Sowjetunion. Sie lehnten das Existenzrecht Israels ab. Die Folgen waren der Sinai-Feldzug von 1956 und der Sechs-Tage-Krieg von 1967, in denen Israel siegte.

1948	Ausrufung des Staates Israel (14. Mai); Beginn des ersten arabisch-israelischen Krieges.
1949	Endgültiger Waffenstillstand zwischen Israel und den arabischen Staaten (März); Beginn der ägyptischen Herrschaft über den Gazastreifen und der jordanischen Herrschaft über die Westbank.
1956	Suezkrieg (Okt./Nov.)
1964	Gründung der PLO (Palestine Liberation Organization)
1967	Sechs-Tage-Krieg (5.-10. Juni); Israel erobert die Westbank (einschl. Ost-Jerusalem), den Gazastreifen, die Sinai-Halbinsel und die Golanhöhen.
1967	Der UN-Sicherheitsrat fordert am 22. Nov. den Abzug der israelischen Truppen aus den besetzten Gebieten.

Der ↗ *Nahost-Konflikt* **155** machte die Ohnmacht der UNO deutlich. Sie war im Juni 1945 als Nachfolgeorganisation des Völkerbundes gegründet worden, um den Frieden auf der Welt zu sichern. Aber angesichts des Kalten Krieges und des Rechts der fünf ständigen Mitglieder des UN-Sicherheitsrates, Entscheidungen durch ein Nein (Veto) zu verhindern, konnte die Weltorganisation ihr Recht nicht anwenden, Frieden notfalls auch militärisch zu erzwingen. Eine Ausnahme war der Korea-Krieg, in dem eine UN-Streitmacht unter der Führung der USA auf Südkoreas Seite kämpfte. Die UNO leistete außerdem erste Friedenssicherungseinsätze zur Überwachung von Waffenstillständen.

10 Die Auflösung der bipolaren Welt

10.1 Weltpolitische Veränderungen und Wandlungen in Deutschland von den 1960er- bis zu den 1980er-Jahren

158 **1961/62** *Während der Kuba-Krise steht die Welt am Rande eines Atomkriegs.*

159 **1973** *Die USA scheitern im Vietnam-Krieg.*

160 **„68er-Bewegung"**: Seit der Mitte der 1960er-Jahre protestierten Schüler und Studenten gegen das politische und wirtschaftliche System der Bundesrepublik und gegen überlieferte Vorstellungen in Elternhaus, Schule und Universität. Die „kapitalistischen" Verhältnisse sollten durch „sozialistische" (↗ *Sozialismus* **106**) ersetzt werden. Die 68er-Bewegung stärkte das politische Interesse der Bevölkerung, förderte Bürgerbewegungen, änderte Erziehungsstile und schuf neue Formen des Zusammenlebens.

161 **Entspannungspolitik**: Bemühen der westlichen Regierungen gegenüber der Sowjetunion und anderen kommunistischen Staaten, durch intensive politische, wirtschaftliche und kulturelle Beziehungen sowie Vereinbarungen über Rüstungskontrolle und Gewaltverzicht den ↗ *Kalten Krieg* **147** zu überwinden. Die von Bundeskanzler Willy Brandt (SPD) betriebene Ostpolitik (↗ *Ostverträge* **163**) war Teil dieser Entspannungspolitik.

162 **Grundlagenvertrag**: In dem 1972 unterschriebenen Dokument erkannten die Bundesrepublik Deutschland und die DDR sich als gleichberechtigte Staaten an und verpflichteten sich zu „gutnachbarschaftlichen Beziehungen". Zusätzlich wurde das Recht

des deutschen Volkes festgehalten, seine Einheit in „freier Selbstbestimmung“ anzustreben. Der Bundestag billigte den Vertrag im Mai 1973.

163 **Ostverträge**: Die von der SPD/FDP-Koalition unter Bundeskanzler Willy Brandt (SPD) zwischen 1970 und 1973 abgeschlossenen Verträge mit der Sowjetunion, Polen, der Tschechoslowakei sowie der DDR (↗ *Grundlagenvertrag* **162**) waren Bestandteil der ↗ *Entspannungspolitik* **161**. Die Bundesrepublik Deutschland bestätigte in den Ostverträgen die nach 1945 entstandenen Grenzen und hielt fest, dass sie „auf einen Zustand des Friedens in Europa“ hinarbeiten wolle, „in dem das deutsche Volk in freier Selbstbestimmung seine Einheit“ wiedererlangen könne.

Inhalt

In den 1960er-Jahren verlagerten die USA und die Sowjetunion ihre Feindseligkeiten aus Mitteleuropa in die politisch zerbrechlichen und armen Staaten Asiens, Afrikas und Südamerikas. Sie verschärften den ↗ *Nord-Süd-Konflikt* **156**. Als die Sowjetunion im Oktober 1962 Atomraketen auf Kuba stationierte, verhängten die USA eine Seeblockade. Ein atomarer Krieg schien möglich. Ein Kompromiss wendete ihn ab (↗ **158**).

Ende der 1960er-Jahre begann die letzte Phase des Dschungel- und Partisanen-Krieges in Vietnam. Begonnen hatte er 1946, als Frankreich vergeblich versuchte, das politisch zerstrittene Land wieder zur Kolonie (↗ *Kolonisation* **19**) zu machen. Auch nach der Niederlage Frankreichs und der Teilung Vietnams auf der Genfer Indochina-Konferenz von 1954 ging der Krieg weiter. Dabei stellten sich die Amerikaner auf die Seite des autoritär regierten Südvietnams. Die Sowjetunion und die Volksrepublik China unterstützten das kommunisti-

sche Nordvietnam. Obwohl die Amerikaner Nordvietnam seit 1964 bombardierten und über 500 000 Soldaten einsetzten, gelang es ihnen nicht, den Krieg zu gewinnen (↗ **159**). Die Sowjetunion sprach seit 1956 von einer Politik der „friedlichen Koexistenz“, trotzdem unterdrückte sie 1968 die Reformbemühungen der Kommunisten in der Tschechoslowakei. Sie verbot jedem Mitglied der kommunistischen Staatengemeinschaft, „vom Weg des Sozialismus“ abzuweichen (Breschnew-Doktrin).
Die 1949 von Mao Zedong ausgerufene kommunistische Volksrepublik China stand bis 1960 unter sowjetischem Einfluss. Mao wollte das wirtschaftlich rückständige Agrarland kurzfristig in einen Industriestaat verwandeln. Der Versuch misslang und forderte Millionen Tote. Mithilfe der proletarischen Kulturrevolution stärkte Mao Zedong die kommunistische Ideologie und seine Macht. Noch zu seinen Lebzeiten gelang der Volksrepublik der „Durchbruch nach Westen“ und die Aufnahme in die ↗ *UNO* **157**. Erst nach seinem Tod 1976 begann ein umfassender wirtschaftlicher Reformkurs. Maos Nachfolger öffneten das Land ausländischen Investoren und leiteten den Umbau der zentralistischen Planwirtschaft in eine staatlich kontrollierte Marktwirtschaft ein. Eine Demokratisierung des Landes nach westlichen Vorstellungen verhindert die kommunistische Führung aber bis heute. Die gewaltsame Unterdrückung der Demokratiebewegung (↗ *Demokratie* **16**) von 1989 und anhaltende Menschenrechtsverletzungen (↗ *Menschenrechte* **90**) belegen das.
Ende der 1960er-Jahre wurde die Bundesrepublik von einer breiten, meist studentischen Protestbewegung erfasst. Diese ↗ *„68er-Bewegung“* **160** stellte überkommene Autoritäten und Verhaltensweisen infrage. Den wachsenden Wünschen nach Veränderung kam ab 1969 die neue sozial-liberale Regierung unter Bundeskanzler Willy Brandt nach, indem sie zahlreiche Reformen durchsetzte.

Die nach 1970 von der sozial-liberalen Regierung abgeschlossenen ↗ *Ostverträge* **163** bestätigten die Nachkriegsordnung. 1973 billigte der Bundestag auch den ↗ *Grundlagenvertrag* **162**, in dem sich die Bundesrepublik und die DDR als gleichberechtigte Staaten anerkannten. Die Vereinbarungen hielten aber das Recht der Deutschen fest, in freier Selbstbestimmung ihre Einheit wiederherzustellen.
Eine Chance zur Überwindung der Konfrontation boten die 1971 begonnenen KSZE-Verhandlungen. Sie waren Teil einer umfassenden ↗ *Entspannungspolitik* **161** und wirkten langfristig befreiend für die Menschen in den osteuropäischen Staaten.
Weltweite Wirtschaftskrisen und linksextremer Terrorismus erschwerten die Regierungsarbeit der sozial-liberalen Koalition in der Bundesrepublik.
Ein grundsätzlicher Streit über die Wirtschafts- und Sozialpolitik führte 1982 zur „Wende". Die CDU/CSU übernahm mit der FDP die Regierung.
Im Schatten der Mauer erholte sich die DDR wirtschaftlich kurzzeitig. Unter Erich Honecker erreichte sie in den 1970er-Jahren zwar internationale Anerkennung, doch gleichzeitig wurde die Bevölkerung durch das Ministerium für Staatssicherheit umfassend überwacht, kontrolliert und schikaniert. Steigende wirtschaftliche Probleme, politische Reformunfähigkeit und Unterdrückung der Menschen prägten die Innenpolitik des SED-Staates in den 1970er- und 80er-Jahren.

Deutsche Demokratische Republik

Präsident

1949–1960	Wilhelm Pieck*

** gemeinsam mit Otto Grotewohl auch Vorsitzender der Sozialistischen Einheitspartei Deutschlands (SED)*

Vorsitzender des Staatsrats*

1960–1973	Walter Ulbricht
1973–1976	Willi Stoph
1976–Okt. 1989	Erich Honecker
Okt.–Dez. 1989	Egon Krenz

** Der Form nach war seit 1960 der von der Volkskammer gewählte Staatsrat das Staatsoberhaupt, tatsächlich war jedoch der Generalsekretär der SED der oberste Repräsentant der DDR.*

Bundesrepublik Deutschland

Bundespräsidenten

1949–1959	Theodor Heuss (FDP)
1959–1969	Heinrich Lübke (CDU)
1969–1974	Gustav W. Heinemann (SPD)
1974–1979	Walter Scheel (FDP)
1979–1984	Karl Carstens (CDU)
1984–1994	Richard Freiherr von Weizsäcker (CDU)
1994–1999	Roman Herzog (CDU)
1999–2004	Johannes Rau (SPD)
seit 2004	Horst Köhler (CDU)

Bundeskanzler

1949–1963	Konrad Adenauer (CDU)
1963–1966	Ludwig Erhard (CDU)
1966–1969	Kurt Georg Kiesinger (CDU)
1969–1974	Willy Brandt (SPD)
1974–1982	Helmut Schmidt (SPD)
1982–1998	Helmut Kohl (CDU)
1998–2005	Gerhard Schröder (SPD)
seit 2005	Angela Merkel (CDU)

10.2 Die Auflösung des Ostblocks und die deutsche Einheit

164	**ab 1985**	*In der Sowjetunion beginnt Michail Gorbatschow eine Reformpolitik.*
165	**1989**	*Massendemonstrationen stürzen die kommunistischen Regierungen in den osteuropäischen Staaten.*
166	**9. November 1989**	*In der DDR fällt nach der friedlichen Revolution die Mauer; die innerdeutsche Grenze wird durchlässig.*
167	**3. Oktober 1990**	*„Tag der deutschen Einheit“: Durch den Beitritt der fünf neuen Bundesländer wird die Wiedervereinigung Deutschlands vollzogen.*

168 **Glasnost und Perestroika**: Die beiden Begriffe *Glasnost* (dt. Offenheit, Durchsichtigkeit) und *Perestroika* (dt. Umbau, Umgestaltung) stehen stellvertretend für die Reformpolitik in der Sowjetunion von 1985 bis 1991, für die Michail S. Gorbatschow verantwortlich zeichnete (↗ **164**).

169 **Mauerfall**: Öffnung der Berliner Mauer am ↗ *9. November 1989* (**166**). Während die SED-Spitze vorsichtige Reformen der DDR diskutierte und auch über ein neues Reisegesetz sprach, um die Fluchtbewegung aufzuhalten, gab Politbüromitglied Günter Schabowski an dem Tag bekannt, dass ständige Ausreisen und Privatreisen in den Westen ab sofort beantragt werden könnten. Nachdem westliche Medien die Information „DDR öffnet Grenzen“ sofort verbreiteten, erzwangen tausende Ostberliner die Öffnung der Grenze. In den folgenden Tagen begann der Abriss der Mauer, doch erst am 30. Juni 1990 wurden die Kontrollen an den Grenzübergängen eingestellt.

Inhalt

Eine Chance zur Überwindung der Konfrontation (↗ *Kalter Krieg* **147**) boten die 1971 begonnenen KSZE-Verhandlungen. Ihre Ergebnisse stärkten die Bürgerrechtsbewegungen in den osteuropäischen Staaten, da sie die Forderung nach ↗ *Menschenrechten* **90** einschlossen. Das Wettrüsten ging trotzdem weiter. Als die Sowjetregierung in Europa neue Mittelstreckenraketen stationierte, antwortete die ↗ *NATO* **149** mit dem Beschluss, ebenfalls Raketen aufzustellen, falls Moskau keine Zugeständnisse machen würde.

Die Sowjetunion lenkte nicht ein und stationierte ihre Raketen. Der amerikanische Präsident Ronald Reagan reagierte mit einer „Politik der Stärke und des Dialogs". Michail Gorbatschow, der ↗ *1985* (**164**) in der UdSSR an die Macht kam, nahm das Gesprächsangebot an. Seine unter den Begriffen ↗ *Glasnost und Perestroika* **168** laufende Reformpolitik setzte innen- und außenpolitische Veränderungen wie den Rückzug sowjetischer Truppen aus Afghanistan in Gang. Sie wirkten auf die Oppositionsbewegungen in den anderen kommunistischen Staaten Ostmitteleuropas befreiend. Überall brach das kommunistische System fast gewaltlos zusammen, auch in der DDR, wo aufgrund der sich verschlechternden wirtschaftlichen Lage und der politischen Gängelung eine Massenflucht und eine anwachsende Protestbewegung das SED-Regime ins Wanken brachten (↗ **165**). Die Öffnung der Berliner Mauer am ↗ *9. November 1989* (**166**) zeigte, dass die kommunistische Herrschaft zu Ende ging (↗ *Mauerfall* **169**).

In Verhandlungen mit den Siegermächten des Zweiten Weltkrieges, den USA, der Sowjetunion, Großbritannien und Frankreich, gelang es den Regierungen beider deutscher Staaten, die Zustimmung zur Wiedervereinigung Deutschlands zu erreichen. Voraussetzungen dafür waren das eindeutige Bekenntnis der Bundesrepublik zur Westbindung, die ↗ *Entspannungspolitik* **161** sowie die Abrüstungsvereinbarungen zwi-

schen den USA und der Sowjetunion, die den Kalten Krieg beendet hatten.
Die Existenz der DDR endete am ↗ *3. Oktober 1990* (**167**) mit der Aufnahme fünf neuer Bundesländer in die Bundesrepublik Deutschland. Der Bundestag bestimmte dieses Datum zum Nationalfeiertag („Tag der deutschen Einheit“).

10.3 Europa und die Welt nach dem Ende des Ost-West-Konflikts

170 **1992** *Die EG-Außen- und Finanzminister unterschreiben den Vertrag von Maastricht.*

171 **2004** *Die Europäische Union wächst von 15 auf 25 Mitglieder (Osterweiterung).*

172 **Osterweiterung der EU**: ↗ *2004* (**171**) wurden in die EU zehn, 2007 zwei weitere Mitglieder neu aufgenommen, davon zehn ehemalige „Ostblockstaaten". Sie hatten sich nach dem Ende des ↗ *Kalten Krieges* **147** und der Auflösung des sowjetischen Machtbereiches um Aufnahme bemüht und die von der EU festgelegten Beitrittskriterien (u.a. demokratische Staatsordnung und Marktwirtschaft) erfüllt.

173 **Vertrag von Maastricht**: Das Abkommen von ↗ *1992* (**170**) war ein Meilenstein auf dem Weg der ↗ *Europäischen Einigung* **154**. Der Vertrag erweiterte die Zuständigkeiten der Europäischen Gemeinschaft, machte den Weg frei für die Wirtschafts- und Währungsunion und kündigte eine gemeinsame Außen- und Sicherheitspolitik an.

Inhalt

Trotz Schwierigkeiten ging der europäische Einigungsprozess weiter (↗ *Europäische Einigung* **154**). Aus dem „Europa der 6" (1957) war bis 1973 das „Europa der 9" geworden. 1979 wählten die Bürger der neun Mitgliedstaaten erstmals ein Europäisches Parlament. Ab 1986 bemühten sich zwölf Staaten um eine gemeinsame Wirtschafts-, Außen- und Sicherheitspolitik. ↗ *1992* (**170**) unterschrieben die EG-Außen- und Finanzminister den ↗ *Vertrag von Maastricht* **173**, der 1993 in Kraft trat. Er vertiefte die Zusammenarbeit, führte die europäische Unions-

bürgerschaft ein und stellte die Weichen für die Einführung der Währungsunion. Drei Jahre später wurden Euro-Münzen und -Scheine in den zwölf Staaten in Umlauf gebracht.
Nach dem Ende des ↗ *Kalten Krieges* **147** zerfiel der sowjetische Einflussbereich und die USA wurden zur einzigen Weltmacht. Nachdem sich einige ehemalige Sowjetrepubliken 1991 in der „Gemeinschaft Unabhängiger Staaten" (GUS) zusammengeschlossen hatten und der ↗ *Warschauer Pakt* **151** aufgelöst worden war, bemühten sich viele ehemalige „Ostblockstaaten" um Aufnahme in die ↗ *NATO* **149** und in die EU. 1997 begannen die ersten Beitrittsverhandlungen in die EU. Die Aufnahmebedingungen waren 1993 in Kopenhagen festgelegt worden. Die Anerkennung des bestehenden EU-Rechts, eine demokratische Staatsordnung (↗ *Demokratie* **16**) und die Einführung der Marktwirtschaft zählen dazu.
↗ *2004* (**171**) konnten zehn, 2007 zwei weitere Staaten der EU neu beitreten, darunter zehn aus Ost- und Mitteleuropa (↗ *Osterweiterung der EU* **172**). Gleichzeitig wurde die NATO zum Missfallen Russlands erweitert: 1999 wurden Polen, Ungarn und die Tschechische Republik aufgenommen, 2004 folgten Litauen, Lettland und Estland.
Nach 1990 zerfiel auch der Vielvölkerstaat Jugoslawien. Nationalistische Konflikte (↗ *Nationalismus* **94**) und Bürgerkriege begleiteten diesen Prozess. Die NATO versuchte, die Konflikte diplomatisch und militärisch zu lösen. Erstmals nach dem Zweiten Weltkrieg kam es dabei auch zu Einsätzen deutscher Soldaten.
Der ↗ *Nahost-Konflikt* **155** und die Palästinenserfrage sind bis heute ungelöst. Ägypten hat Israel inzwischen anerkannt (1977) und dafür die Sinai-Halbinsel zurückerhalten. Anhaltende Terroranschläge der Palästinenser, die 1988 ihren eigenen Staat ausriefen, behinderten den unter dem Motto „Land für Frieden" eingeleiteten Friedensprozess. Die Grenzen der Staaten im Nahen Osten sind nach wie vor umstritten. Daran

hat auch die Räumung der israelischen Siedlungen im Gazastreifen 2004 nichts geändert. Mitverantwortlich für die anhaltenden Probleme ist die Politik von Fundamentalisten, von strenggläubigen und gewaltbereiten Anhängern verschiedener Gruppen.
Die nach der Revolution von 1979 gegründete Republik Iran will die Politik mit den Grundsätzen des ↗ *Islam* **37** verbinden. Im Westen wird die iranische Politik wegen Menschenrechtsverletzungen (↗ *Menschenrechte* **90**), unfreien Wahlen, Aufrüstung und der ablehnenden Haltung gegenüber Israel kritisiert.
Die Anschläge radikal-islamistischer Terroristen auf das World Trade Center in New York am 11. September 2001 schockierten die Welt und führten zu „Antiterrorkriegen" in Afghanistan und im Irak. Während der UN-Sicherheitsrat den Krieg gegen die Taliban-Führung in Afghanistan billigte, war das im Irak-Krieg nicht der Fall. Trotzdem griffen die USA mit ihren Verbündeten den Irak an und stürzten das bestehende Regime. Die neue Regierung des Irak erwies sich trotz amerikanischer Unterstützung als äußerst schwach. Sie konnte den Bürgerkrieg zwischen politisch und religiös verfeindeten irakischen Kräften, der begleitet wurde von einem Kampf gegen die Besatzungsmächte, nicht stoppen.
Die ↗ *UNO* **157** setzt sich für den Weltfrieden ein und leistet einen Beitrag zur Lösung der globalen sozialen, ökologischen und kulturellen Herausforderungen.

Historische Kompetenz erwerben

Um Geschichte verstehen, untersuchen, erklären, beurteilen und darstellen zu können, brauchst du *historische Kompetenz.* Sie besteht aus Wissen (*Sachkompetenz*), Fertigkeiten (*Methodenkompetenz*) und Fähigkeiten (*Urteils- und Handlungskompetenz*).

Sachkompetenz

Du lernst Daten, Namen, Orte und Fachbegriffe. Mit diesem Wissen kannst du Ereignisse und Veränderungen verstehen und in eigenen Worten darstellen.

Sachkompetenz erwirbst du durch das Schulbuch, Lexika, Fachliteratur und die Recherche im Internet.

Methodenkompetenz

Du entnimmst Informationen aus der Darstellung und den Materialien (Text- und Bildquellen, Karten, Tabellen, Schaubilder), untersuchst sie im Zusammenhang und gibst die Erkenntnisse richtig wieder. Du kooperierst mit anderen und erwirbst die Fähigkeit, dir weiteres Wissen aus anderen Quellen zu beschaffen.

Lerntipps und Arbeitsvorschläge vermitteln Methodenkompetenz am konkreten Beispiel.

Urteilskompetenz

Du unterscheidest Belegbares und Wahrscheinliches und berücksichtigst, dass die Geschichtsschreibung von den Umständen der Zeit sowie der politischen Position des Urteilenden und seinen Interessen beeinflusst ist.

Urteilskompetenz erwirbst du durch eigenständiges Nachdenken und die kritische Auseinandersetzung mit den Auffassungen anderer.

Handlungskompetenz
Um zunehmend komplexere Aufgaben angemessen zu lösen und dich in Vergangenheit, Gegenwart und Zukunft zu orientieren, lernst du, Sach-, Methoden- und Urteilskompetenz koordiniert, kreativ und kritisch anzuwenden.
Der Geschichtsunterricht und selbstständiges Arbeiten mit dem Schulbuch liefern dir viele Anregungen.

Aufgaben begreifen

Die Arbeitsvorschläge in deinem Schulbuch sollen dir helfen, Wichtiges aus der Darstellung (*Verfassertext*) und den Materialien (*Textquellen, Abbildungen, Karten, Grafiken, Tabellen*) herauszufinden. Sie sollen dir auch zeigen, wie du dir dein eigenes Bild über die vergangenen Zeiten machen kannst. Ein Verb sagt dir jeweils, was du tun sollst.

Beschreiben, nennen: Darstellung und Materialien gezielt Informationen entnehmen und diese in eigenen Worten sinnvoll wiedergeben.

Analysieren, untersuchen: Darstellung und Materialien nach bestimmten Kriterien erschließen.

Begründen, nachweisen: Aussagen (Urteile, Thesen, Wertungen) argumentativ belegen.

Charakterisieren: einen Sachverhalt ↗ *beschreiben* und dann unter einem bestimmten Gesichtspunkt zusammenfassen.

Einordnen: ein Ereignis oder einen Sachverhalt in einen historischen Zusammenhang stellen.

Erklären: Informationen aus Materialien in einen Zusammenhang stellen und diese durch Wissen und Einsichten ↗ *erläutern* und ↗ *begründen*.

Erläutern: wie ↗ *erklären* und ↗ *beschreiben*, aber aus eigenem Wissen zur Verdeutlichung zusätzliche Beispiele hinzufügen und wichtige Begriffe klären.

Herausarbeiten: wichtige Informationen aus Darstellung und Materialien herausfinden und eigenständig im Zusammenhang ↗ *erläutern.*

Widerlegen: mit Argumenten nachweisen, dass eine Behauptung falsch ist.

Sich informieren: weitere Quellen und Materialien suchen, eigenständig auswerten und auf diese Weise etwas dazulernen.

Beurteilen: einen Sachverhalt, eine Entwicklung oder einen Konflikt ohne Wertung sachlich ↗ *begründen.*

Prüfen: Aussagen, Behauptungen, Urteile daraufhin untersuchen, ob sie durch Darstellungen oder Quellen angemessen belegt werden.

Hypothesen bilden: nach den ersten Informationen über einen Sachverhalt eine vorläufige Aussage formulieren, die dann im Laufe der weiteren Arbeit zu ↗ *prüfen* ist.

Vergleichen: Aussagen, Quellen und Materialien auf Übereinstimmungen und Gegensätze ↗ *beurteilen.*

Interpretieren: Darstellung und Materialien ↗ *analysieren,* ↗ *erläutern* und ↗ *beurteilen.*

Erörtern, diskutieren: einen Sachverhalt oder eine These ↗ *beurteilen* und sich mit gegensätzlichen Auffassungen auseinandersetzen.

Darstellen: historische Zusammenhänge und Ereignisse aufgrund von Quellen und Darstellungen ↗ *beschreiben,* ↗ *erklären* und ↗ *beurteilen.*

Texte und Quellen verstehen

Die meisten Informationen kannst du den Texten entnehmen, die die Verfasser geschrieben haben. Sie unterscheiden sich von den ↗ *Quellen* 1.
Erste Hilfen zum Verständnis geben dir die Überschriften. Am besten erinnerst du dich an die Fragen, die für eine Inhaltsangabe im Deutschunterricht beantwortet werden müssen:

1. Wer macht was, wann, wo und wie?
2. Suche Schritt für Schritt heraus, was dazu im Text steht, und schreibe es auf.
3. Verwende eigene Worte, denn nur so merkst du, ob du den Text verstanden hast.

Texte und Quellen auswerten

Viele Geschichtswissenschaftler halten die Schrift für so wichtig, dass sie sagen, erst ab ihrer Erfindung vor rund 5000 Jahren könne man von „Geschichte“ sprechen; die Zeit vorher sei „Vorgeschichte“.
Tatsächlich zählen die schriftlichen ↗ *Quellen* 1 zu unseren wichtigsten „Informanten“ über die Vergangenheit. Sie können von Handelnden, Zeitzeugen oder Geschichtsschreibern stammen. Von ihrer Auswertung und Deutung (Interpretation) hängen unser Wissen und unsere Vorstellung von dem ab, was einmal gewesen ist.
Mit diesen Fragen kannst du an eine Textquelle herangehen:

1. An wen wendet sich der Text?
2. Wo und wann wurde er verfasst?
3. Wer ist der Verfasser / die Verfasserin? Ist sein / ihr Name bekannt? Wissen wir etwas über seinen / ihren Beruf, seine / ihre Aufgaben, seine / ihre politische Haltung? Hat er / sie erlebt, was er / sie berichtet?
4. Aus welcher Sicht schreibt er / sie? Steht er / sie auf der Seite einer Gruppe mit bestimmten Wünschen und Interessen?

5. Wie glaubwürdig ist der Autor / die Autorin? Wertet er / sie?
6. Handelt es sich um Urkunden, Gesetze, Flugblätter, Briefe, Reden, Lebenserinnerungen aus der dargestellten Zeit (Primärquellen) oder um eine nachträglich verfasste Beschreibung eines Ereignisses oder einer Person (Sekundärtexte), die Fakten und Zusammenhänge deutet?
7. Welche Sprache kennzeichnet den Text? Spielen bestimmte Wörter eine besondere Rolle?

Um den *Inhalt* einer Textquelle zu erfassen, sind folgende Arbeitsschritte sinnvoll:

1. Lies die Textquelle zunächst sorgfältig durch.
2. Kopiere den Text und unterstreiche oder markiere die Stellen, die dir wichtig erscheinen. Schreibe beim zweiten Lesen unbekannte Begriffe oder schwierige Formulierungen heraus, die du nicht verstehst; schlage – wenn nötig – in einem Wörterbuch oder einem Lexikon nach.
3. Schreibe bei längeren Texten zunächst eine Inhaltsübersicht und zum Schluss eine Zusammenfassung.

Fremdsprachige Texte und Quellen bearbeiten

Die Arbeit mit fremdsprachigen Texten bietet die Chance, Themen noch glaubwürdiger (authentischer) und realitätsnäher zu untersuchen. Sie werden grundsätzlich mit denselben Fragen und Arbeitsschritten bearbeitet wie deutschsprachige. Zuvor empfiehlt es sich, unbekannte Vokabeln zu markieren oder herauszuschreiben und nachzuschlagen. Dabei ist der Kontext besonders zu beachten und zu berücksichtigen, dass viele Vokabeln mehrere Bedeutungen haben. Historische Ereignisse, Epochen oder Entwicklungen werden oft anders bezeichnet als im Deutschen. Die Begriffe lassen sich also nicht einfach wörtlich übersetzen, sondern müssen unserem Sprachgebrauch angepasst werden. Beispiele aus dem Englischen sind „Age of Enlightenment" (↗ *Aufklärung* **84**) oder „stab-in-the-back legend" („Dolchstoßlegende").

Forschungstexte auswerten

Neben der Quellenarbeit gehört die Arbeit mit Sekundärtexten, die andere Historiker als Ergebnis ihrer Quellenforschungen und -deutungen verfasst haben, zu den wichtigsten Aufgaben im Geschichtsunterricht. Trotz aller Bemühungen um strenge Sachlichkeit (Objektivität) enthält jede Darstellung eines Ereignisses die besondere Sichtweise (Perspektive) ihres Verfassers. Er hat eine bestimmte Frage gewählt, die ihn interessiert, und Entwicklungen zusammengefasst und damit seiner Arbeit ein bestimmtes Erkenntnisinteresse zugrunde gelegt. Diese besondere Betrachtungsweise eines Verfassers solltest du zu erkennen versuchen, damit du dir eine eigene Meinung bilden kannst.

Bei der Auswertung von Sekundärtexten helfen Antworten auf folgende Fragen:

1. Wer ist der Autor des Textes? Wann, wo und ggf. in wessen Auftrag hat er den Text verfasst?
2. Was wird dargestellt?
3. Zu welchen zentralen Aussagen gelangt der Autor?
4. Wie wird das Dargestellte bewertet? Liegen dieser Bewertung erkennbare Wertmaßstäbe zugrunde?

Tipp: Kopiere den zu bearbeitenden Text. Markiere beim Lesen wichtige Begriffe, die du nachschlagen musst, sowie Behauptungen (Thesen) und Begründungen (Argumente). Kennzeichne den Gedankengang eines Autors durch Schlagworte am Rand und gliedere ihn in Sinnabschnitte.

Comics und Jugendbücher untersuchen

In manchen Comics kommen Personen und Ereignisse aus der Geschichte vor. In den gezeichneten Bildern werden sie uns scheinbar lebensecht vorgestellt und in Sprechblasen reden sie zu uns. Aber Vorsicht: Im Comic werden Geschichte und Erfindung bunt gemischt, ohne dass wir das immer auf Anhieb erkennen. Dasselbe gilt für historische Jugendbücher. Deren Autoren verwenden aus der Geschichte, was ihnen entweder unterhaltsam erscheint oder was sie für ihre Zwecke brauchen können. Sie wollen Interesse für die Geschichte wecken, aber kein historisches Sachbuch schreiben. Manchmal folgen sie den historischen Quellen, manchmal gehen sie frei mit ihnen um: Sie verändern, fügen etwas hinzu, lassen weg, was ihnen langweilig erscheint oder nicht in ihr Konzept passt. Vor allem die wörtlichen Reden sind so gut wie immer erfunden. Comics und historische Erzählungen können und sollen uns „Appetit" machen, uns mit Geschichte zu befassen. Sie reichen nicht aus, wenn du dich über Personen und Ereignisse der Geschichte zuverlässig informieren willst. Oft muss man eine ganze Menge wissen, um den Zeichnern und Erzählern nicht auf den Leim zu gehen. Die folgenden Fragen können dir helfen, Comics und Geschichtserzählungen zu prüfen:

1. Welche Person bietet sich als Identifikationsfigur an? Steht sie stellvertretend für eine bestimmte Schicht? Welche Entwicklung macht sie durch? Wie nimmt sie ihre gesellschaftliche und politische Umwelt wahr?
2. Wie verknüpft der Autor die historischen Ereignisse mit dem erdachten Geschehen?
3. Hat der Autor in seinem Erzähltext zeitgenössische Quellen verwendet? Teilt er mit, woher er sein historisches Wissen hat?

Perspektiven wechseln

Wie kannst du mit Quellen und Darstellungen umgehen, die voneinander abweichen oder sich gar widersprechen? Zunächst musst du überhaupt erkennen, dass ein Geschehen aus einer bestimmten Sicht (Perspektive) beschrieben wird.

1. Prüfe beim Vergleich von Texten, was der eine erwähnt, der andere aber vielleicht weglässt.
2. Ermittle, wie der Text aufgebaut ist und wo der jeweilige Schwerpunkt liegt.
3. Frage nach den Gründen für die unterschiedlichen Sichtweisen.
4. Achte auf die Sprache, besonders auf wertende Substantive, Verben und Adjektive.

Meinungen vergleichen

Nur über wenige Ereignisse, Entwicklungen und Persönlichkeiten der Geschichte gibt es einheitliche Urteile. Zeitzeugen und Historiker haben häufig verschiedene Meinungen über ein Geschehen oder den Charakter eines Menschen. Das liegt einmal daran, dass alle historischen Entwicklungen ebenso vielfältig sind wie die handelnden Personen. Zum anderen hängt jedes Urteil von der Einstellung ab, mit der wir an eine Sache herangehen: Wir alle urteilen nämlich von unserem jeweiligen Standpunkt aus. Er gründet sich auf unsere bisherigen Erfahrungen und wird von unseren Interessen beeinflusst. Wir legen also unterschiedliche Maßstäbe an. Einigen von uns sind bestimmte Werte und Ziele wichtig, anderen nicht. Manchmal wandeln sich die Auffassungen im Laufe der Zeit. All das beeinflusst eine Meinung über ein Geschehen oder eine Person. Achte bei einem Vergleich mehrerer Texte zuerst auf die inhaltlichen Gemeinsamkeiten, dann auf die Unterschiede. Suche nach Gründen für voneinander abweichende Urteile.

Geschichte ordnen

Um größere Zeiträume übersichtlich zusammenzufassen, unterteilen wir sie in Jahrtausende oder Jahrhunderte. Wenn wir vom 19. Jahrhundert sprechen, meinen wir den Zeitraum von 1801 bis 1900.

Außerdem haben wir den Verlauf der Geschichte in große Einheiten gegliedert. Wir nennen sie Epochen. Vor über 300 Jahren machte ein Gelehrter den Vorschlag, die europäische Geschichte in drei große Epochen zu gliedern: in ↗ *Antike* **14**, ↗ *Mittelalter* **38** und ↗ *Neuzeit* **69**. Diese Dreiteilung der Geschichte wurde durch zwei weitere Epochen ergänzt: die Vorgeschichte (auch Ur- und Frühgeschichte genannt) und die Zeitgeschichte. Die eine umfasst die Zeit bis zu den ersten schriftlichen Zeugnissen um 3000 v. Chr., die andere die jüngste Zeit, von der uns noch lebende „Zeitzeugen" berichten können (↗ *Zeitzeugen befragen*).

Zeitleisten anlegen

Mit einer Zeitleiste kann der Verlauf der Geschichte anschaulich dargestellt werden. Sie kann auch das Nebeneinander von verschiedenen Ereignissen verdeutlichen helfen. Achte auf den Maßstab: Gleichlange Zeiträume brauchen gleiche Abstände.

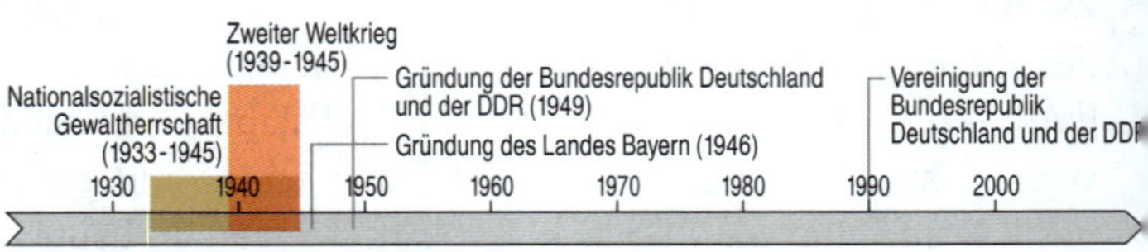

Zeitleiste von 1930 bis 2000.

Was ist ein Längsschnitt?

Längsschnitt nennen wir ein Vorgehen, bei dem Themen wie „Krieg und Frieden", Menschenrechte oder Wirtschaft, ein Lebensbereich wie Wohnen oder Arbeiten oder eine bestimmte Gruppe von Menschen wie Kinder und Jugendliche historisch untersucht werden. Diese Themen werden über eine lange Zeit hinweg anhand derselben Merkmale betrachtet. Die sich wandelnden Verhältnisse werden beispielsweise in einem Referat beschrieben und miteinander verglichen. Ein Längsschnitt verdeutlicht die grundlegenden Probleme des ausgewählten Themas, nennt die wichtigsten Gründe für den Wandel sowie dessen Folgen zu jeweils unterschiedlichen Zeiten. Es wird deutlich, was sich verändert hat oder erhalten blieb und warum das so ist.

Karten auswerten

Karten für den Geschichtsunterricht informieren nicht nur über die Lage von Ländern, Orten, Meeren und Flüssen, Bergen und andere Kennzeichen einer Landschaft. Sie verknüpfen Erdkunde und Geschichte, indem sie zeigen, in welcher Zeit welche Ereignisse und Entwicklungen in bestimmten Gebieten stattfanden, wie sich Lebensräume von Völkern und Ländergrenzen veränderten, woher Handelsgüter kamen und wohin sie auf welchen Wegen gebracht wurden.
Um welches Thema es in der Karte geht, sagt dir die Überschrift. Die in der Karte verwendeten Zeichen, Farben und Abkürzungen werden in der Legende erklärt. Sie nennt dir meist auch den Maßstab. Mögliche Leitfragen:

1. Worüber informiert die Karte? Was zeigt sie nicht?
2. Auf welche Zeit(en) und Region(en) bezieht sie sich? Zeigt sie einen Zustand oder eine Entwicklung?
3. Welche Bedeutung haben die Zeichen der Legende (Zeichenerklärung)?
4. Was war wann wo in welchem Ausmaß vorhanden?

Wenn du alle Informationen verknüpft und im Zusammenhang betrachtet hast, kannst du das Ergebnis aufschreiben oder vortragen.

Schaubilder und Verfassungsschemata verstehen

In einem Schaubild lässt sich übersichtlich zeigen, wie ein Staat, eine Organisation oder eine Gesellschaft aufgebaut war oder ist. Es kann gut Zusammenhänge und Beziehungen zwischen Teilen eines Ganzen darstellen. Ein Verfassungsschema stellt beispielsweise den Aufbau und die Arbeitsweise eines Staates sowie die Rechte und Pflichten der Bürger grafisch dar. Prüfe zunächst, welche Begriffe du erklären solltest.
Um ein Schaubild lesen zu können, musst du zunächst entscheiden, an welcher Stelle du am besten mit der Beschreibung beginnst. Halte auch danach eine sinnvolle Reihenfolge

ein. Entscheidend sind die Beziehungen zwischen den Bestandteilen eines Schaubildes. Beachte die verwendeten Zeichen. Manchmal ist die Form des Schaubildes wichtig für die Deutung. Mögliche Arbeitsfragen:

1. Welche Ämter und Einrichtungen werden erwähnt? Wer hat wie Zugang zu ihnen, wer nicht?
2. Welche Teile der Bevölkerung werden genannt, welche nicht?
3. Wer arbeitet mit wem zusammen? Wobei?
4. Wer hat welche Aufgaben, Rechte oder Pflichten?
5. Wer hat wie viel Macht? Ist jemand von der Macht ausgeschlossen?

Schreibe die Antworten jeweils auf, ordne sie auf einem Stichwortzettel und präge sie dir ein. Trage die Ergebnisse möglichst frei vor.

Diagramme deuten

Kreisdiagramme: Sie zeigen Anteile an einer Gesamtmenge in Prozenten und geben den Zustand zu einer bestimmten Zeit an. Wollen wir Veränderungen erkennen, benötigen wir für jeden Zeitpunkt, den wir mit einem anderen vergleichen wollen, ein weiteres Kreisdiagramm.

Linien- oder Kurvendiagramme: Um längere Entwicklungen zu zeigen, brauchen wir Daten in regelmäßigen Zeitabständen. Wir tragen die Messgrößen (y-Achse) und Zeiten (x-Achse) in ein Koordinatensystem ein und verbinden die Zahlenwerte zu einer Kurve. Wir können auch mehrere Kurven in einem Diagramm abbilden, um sie miteinander zu vergleichen.

Säulen- oder Balkendiagramme: Wenn Zahlen nur in unregelmäßigen Jahresabständen vorliegen, empfiehlt sich das Säulen- oder Balkendiagramm: Wir wandeln die Zahlenwerte maßstabsgerecht in entsprechend große Säulen oder Balken um.

Vor der Auswertung solltest du das Diagramm zunächst beschreiben. Dabei helfen dir folgende Fragen:

1. Wie und worüber informiert das Diagramm?
2. Welche Entwicklung ist zu erkennen (hohe und niedrige Werte, Trends, Zusammenhänge)?

Wenn du die Diagramme beschrieben hast, kannst du versuchen, sie auszuwerten, deine Beschreibungen zu erklären und Schlussfolgerungen aus ihnen zu ziehen. Dazu benötigst du weitere Informationen. So lassen sich Gründe für die in den Diagrammen bezifferten Zustände und Entwicklungen benennen und Zusammenhänge verdeutlichen.

Statistiken beurteilen

Der britische Politiker Winston Churchill soll einmal gesagt haben: „Never trust a statistic you didn't fake yourself." Müssen wir daher allen Statistiken misstrauen? Oder lügt nicht die Statistik, sondern derjenige, der damit nicht korrekt umgeht? Da Statistiken unser historisches Wissen ergänzen und zur Interpretation von Veränderungen gebraucht werden, müssen wir klären, worüber sie informieren, welcher Art die Angaben sind und aus welchen Quellen sie stammen, auf welche Zeit und auf welche Räume sie sich beziehen.

Bauwerke sind auch Quellen

Kirchen, Schlösser, Rathäuser, Bauernhöfe und Wohnhäuser können geschichtliche ↗ *Quellen* **1** sein. Ihre Gestaltung ist nicht nur Ausdruck individueller architektonischer Vorstellungen, sie enthält auch Hinweise auf die Zeit (Epoche), in der ein Bauwerk entstanden ist, und seine Aufgabe.
Beschreibe zunächst Form und Größe des Bauwerkes. Suche danach Antworten auf folgende Fragen:

1. Wann und wo entstand das Bauwerk?
2. Welchem Zweck diente es?
3. Wer gab den Auftrag?
4. Wer war der Baumeister?
5. Wer baute es?
6. Wie lange dauerte der Bau?
7. Welche Werkstoffe wurden verwendet, woher kamen sie?
8. Wurden neuartige Techniken angewendet?
9. In welchem Zustand befindet es sich heute?

Statuen können sprechen

Herrscherstandbilder sollen wie Herrscherbilder auf die Betrachter wirken. Um sie beurteilen zu können, müssen wir sie zunächst als Ganzes und dann in ihren Einzelheiten betrachten. Wichtig sind Größe, Kopf-, Arm- und Beinhaltung, Blickrichtung, Kleidung und Beigaben. Die Besonderheiten sind nicht zufällig, sondern sollen etwas Bestimmtes aussagen. Aus ihnen können wir erschließen, wie sich der Herrscher selbst sah und wie er vom Volk gesehen werden wollte.

Denkmäler sind Zeitzeugen

Denkmäler erinnern nicht nur an eine Person oder ein Ereignis. Sie berichten auch über die Vorstellungen der Menschen, die sie geplant, entworfen und bezahlt haben. Daher lohnt es sich, ihre Entstehungszeit und -geschichte, ihren Typ, ihre Gestaltung, Lage und Wirkung zu untersuchen.
Berücksichtige folgende Untersuchungsschritte:

1. Beschreibe Aussehen, Größe, Erscheinungsform und Lage des Denkmals.
2. Bestimme den Denkmalstyp (Standbild, Mahnmal, Sieges-, Helden- oder Nationaldenkmal).
3. Wer gab den Auftrag und wie wurde es finanziert?
4. Wann wurde das Denkmal errichtet und eingeweiht?
5. Kläre die verwendeten Symbole und Figuren.
6. Welche Aufgabe übernehmen Inschriften?
7. Welche Funktion hatte das Denkmal in seiner Entstehungszeit?
8. Welche Wirkung sollte es erzielen?
9. Welche Bedeutung hat es heute?

Bilder untersuchen

Bilder können Geschichten erzählen und etwas über die Zeiten mitteilen, in denen sie entstanden sind. Du kannst sie zum Sprechen bringen, indem du Fragen an sie stellst. Nicht alle lassen sich bei jedem Bild beantworten. Oft musst du weitere Informationen einholen. Du kannst bei der Arbeit mit Bildern in drei Schritten vorgehen:

Beschreibe das Bild!

1. Welche Personen erkennst du auf dem Bild?
2. Was tun die Personen?
3. Wie sind sie gekleidet?
4. Haben sie Gegenstände bei sich?
5. Kannst du weitere Dinge oder Tiere auf dem Bild erkennen?
6. Wie wirkt das Bild auf dich?

Erkläre die Zusammenhänge!

1. Ist auf dem Bild etwas hervorgehoben? Woran erkennst du das?
2. Wie sind die Personen dargestellt? Fällt dir dabei etwas auf? Sind es wirkliche Personen oder stehen sie für etwas?
3. In welcher Beziehung zueinander sind die Personen dargestellt?

Finde heraus, warum das Bild „gemacht“ wurde!

1. Wann und wo wurde das Bild geschaffen oder veröffentlicht?
2. Hat es ein besonderes Format?
3. Wer hat den Auftrag dazu gegeben?
4. Zu welchem Zweck wurde es hergestellt?
5. Was sollte es dem Betrachter sagen?
6. Welche Ereignisse und Vorstellungen haben für die Darstellung eine Bedeutung? Kannst du sie auf dem Bild erkennen?
7. Erzähle, was das Bild dir sagt.

Karikaturen analysieren

Politische Karikaturen sind gezeichnete Kommentare zu Ereignissen oder zu Entscheidungen von Politikern. Anders als Journalisten melden sich Karikaturisten in einer Zeitung nicht mit einem längeren Text, sondern mit einer Skizze zu Wort. Oft setzen sie eine erläuternde Textzeile unter ihre Karikatur oder sie legen einer Figur eine Äußerung in den Mund. Karikaturen vereinfachen oder verzerren die Wirklichkeit, um etwas hervorzuheben. Sie zeigen Schwächen von Personen, bemängeln Zustände und Entwicklungen. Um Karikaturen als historische ↗ *Quelle* 1 auswerten zu können, solltest du zunächst beschreiben, wer oder was auf welche Weise dargestellt ist. Kläre, in welchem politischen Zusammenhang die Zeichnung entstanden ist und woher sie kommt.

1. Was will der Zeichner ausdrücken?
2. Welche Darstellungsmittel wendet er an?
3. Lässt sich sein politischer Standort bestimmen?
4. Überlege, welche Wirkung die Karikatur erzielt haben könnte.

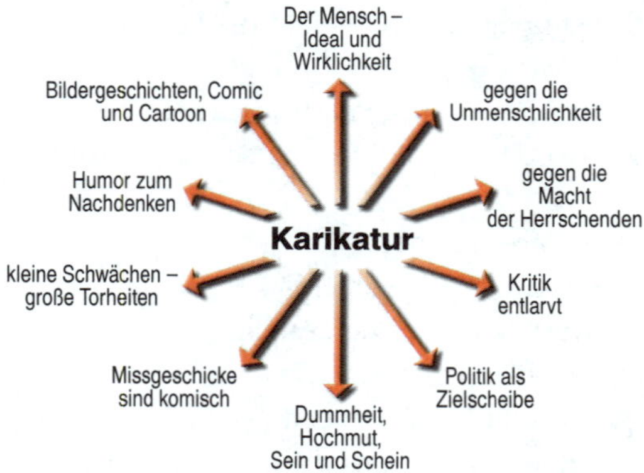

Politische Plakate auswerten

Parteien setzen seit Langem besonders im Wahlkampf Plakate ein, um für ihre Ziele zu werben. Sie werden vor allem dort geklebt und aufgehängt, wo täglich viele Menschen vorbeikommen – an befahrenen Straßen, auf Bahnhöfen und in Stadtzentren.

Plakate werden meist so gestaltet, dass sie auffallen und auf den ersten Blick wirken. Die Texte sind in der Regel kurz – sie sollen sich schon beim flüchtigen Lesen einprägen. Die Gestaltung und die Texte von Plakaten enthalten interessante Informationen über die Zeit, in der sie entstanden sind. Insofern sind sie historische ↗ *Quellen* 1. Aus ihnen erfahren wir etwas über die Parteien und ihre politischen Vorstellungen.

Um Plakate angemessen auswerten zu können, sind sie genau zu betrachten und zu beschreiben. Folgende Fragen können bei der Auswertung von Plakaten helfen:

1. Lösen die Farben und Symbole bestimmte Gefühle aus?
2. Enthalten die dargestellten Symbole bestimmte Informationen?
3. Ist das Format auffallend?
4. Mit welchen grafischen Mitteln ist der Text gestaltet worden?
5. Wie wurde der Zusammenhang zwischen Text und Bild hergestellt?
6. Wer ist der Auftraggeber, an wen wendet er sich?
7. Was will er mit dem Plakat erreichen?
8. In welcher politischen Situation wurde es eingesetzt?

Fotos untersuchen

Fotos sind Aufnahmen eines einzigen Augenblicks: Sie spiegeln einen von vielen einzelnen Entwicklungsschritten. Was das Foto gerade zeigt, war oft gleich nach der Aufnahme schon anders.

Porträtfotos dokumentieren, wie Menschen früher aussahen, wie sie gekleidet waren; wie sie in welcher Umgebung lebten oder mit welchen Geräten und Maschinen sie arbeiteten. In der zweiten Hälfte des 20. Jh. wurde Fotografieren für breite Bevölkerungskreise erschwinglich. Seitdem wuchs die Zahl der oft spontan gemachten Bilder aus dem bislang wenig beachteten Alltag der Menschen aus allen Schichten der Gesellschaft. Fotos wurden zu einer immer wichtigeren ↗ *Quelle* 1 für die Alltagsgeschichte. Wir müssen den Quellenwert eines Fotos prüfen, denn es gibt viele Möglichkeiten, es zu bearbeiten: Es können unerwünschte Bildteile entfernt, bestimmte Inhalte vergrößert oder so retuschiert werden, dass sie eine Wirklichkeit vortäuschen. Durch die digitale Bildbearbeitung ist diese Gefahr noch gewachsen.

Bei der Deutung eines Fotos können dir diese Anregungen und Fragen helfen:

1. Beschreibe, wer oder was abgebildet ist.
2. Lässt sich bei genauem Hinsehen mehr über die Situation und den Zeitpunkt der Aufnahme erkennen, als dir die Legende mitteilt?
3. Für wen und in welcher Absicht könnte das Foto gemacht worden sein?
4. Wurde eine bestimmte Perspektive gewählt oder nur ein Ausschnitt vergrößert? Warum?
5. Lassen sich Hinweise auf nachträgliche Veränderungen erkennen?
6. Legt das Foto eine bestimmte Deutung einer Person oder eines Ereignisses nahe?

7. Inwiefern bereichert das Foto unsere Kenntnisse über die Vergangenheit?
8. Dient die Wiedergabe eines Fotos einer bestimmten Deutung der Geschichte, die über das Abgebildete hinausgeht?

Was Filme darstellen

Filme sind historische ↗ *Quellen* 1. Alle Filmgattungen (Spiel-, Dokumentar-, Historien- und Unterrichtsfilme, aber auch Mischformen aus Spiel- und Dokumentarfilmen) bieten zum einen Einblicke in die dargestellte Zeit und zum anderen Hinweise aus der Zeit, in der sie produziert wurden. Gleichzeitig drücken sie die Vorstellungen der Filmemacher aus.
Historienfilme erzählen Geschichte. Beispiele sind „Troja", „Quo vadis", „Ben Hur", „Luther", „Schindlers Liste", „Rosenstraße" oder „Das Wunder von Bern". Aus diesen Filmen, die sich meist an ein breites Publikum wenden, erfahren wir – mehr oder weniger richtig – etwas über Ereignisse und Personen, über das Verhalten und Denken der Menschen sowie ihre Lebensverhältnisse in einer bestimmten Epoche.
Da Filme zum Teil durch Steuervorteile und Wettbewerbe gefördert werden oder – wie in der DDR – durch staatliche Lenkung oder Zensur beeinflusst wurden, zeigen sie oft eine bestimmte Weltanschauung. Um das zu erkennen, müssen wir genau hinsehen und hinhören und uns auch aus anderen Quellen informieren. Nur so können wir beispielsweise feststellen, ob absichtlich Wichtiges weggelassen oder etwas hinzu erfunden wurde oder eine bestimmte Weltanschauung (Ideologie) vermittelt werden soll. Wie bei jeder Quelle sind die im Film vermittelten Informationen zu prüfen. Dabei ist auf spezifische Mittel dieses Mediums zu achten wie

- Kameraeinstellungen (Großaufnahme, Totale, Frosch- oder Vogelperspektive, Fahrt, Zoom, Schwenk),
- Szenendauer und Schnitte,
- Dialoge, Geräusche und Musik.

Diese filmischen Mittel können in einem sogenannten Einstellungsprotokoll festgehalten werden. Für die Interpretation des Filmes können Antworten auf folgende Fragen wichtig sein:

1. Wann wurde der Film produziert? (Warum zu diesem Zeitpunkt? Was zeichnet die Entstehungszeit aus?)
2. Welche Weltanschauung wird gewollt oder ungewollt vermittelt?
3. Was lässt sich über Regisseur, Drehbuchautor, Schauspieler sowie Finanzierung und Vermarktung herausfinden?
4. Wie wurde der Film von den Zeitgenossen aufgenommen?
5. Wie wirkt der Film heute?

Erkundungen planen

Museen sammeln und stellen aus, was Menschen früherer Zeiten hinterlassen haben. Sie zeigen, wie sie gelebt und gearbeitet haben, sie machen Alltag und Politik anschaulich. Ein Museumsbesuch oder die Erkundung eines altes Gebäudes oder einer alten Stadt macht Geschichte nacherlebbar. Sinnvoll ist es, eine Erkundung in der Klasse vorzubereiten. Sucht ein Museum oder einen Ort aus, der zu eurem Unterrichtsthema etwas Interessantes zu bieten hat und günstig zu erreichen ist. Informiert euch vorab im Internet (↗ *Im Internet recherchieren*) oder in einem Kunstführer (↗ *Fachliteratur finden* …).

1. Grenzt das Thema ein, das ihr erkunden wollt.
2. Notiert Fragen, die im Unterricht offengeblieben sind. Gruppen könnten jeweils einen Schwerpunktbereich vorbereiten.
3. Prüft, ob ihr einen Experten braucht.

Experten anhören

Um ein Thema zu erweitern oder zu vertiefen, könnt ihr einen Experten befragen, also jemanden, der sich in seinem Wissensgebiet besonders gut auskennt. Für das Fach Geschichte sind es Mitarbeiter von Museen, Universitäten oder Archiven. Auch Angehörige bestimmter Berufe oder Orden sind Fachleute in ihrem Bereich. Bevor ihr einen von ihnen zu euch in die Klasse einladet, müsst ihr Fragen sammeln, aufschreiben und bündeln. Einer von euch übernimmt die Gesprächsleitung, ein anderer könnte wesentliche Aussagen protokollieren (↗ *Protokollieren*). So entsteht eine Zusammenfassung zu einem Thema, die es bisher vielleicht noch nicht gab.

Zeitzeugen befragen

Über noch nicht so lange zurückliegende Ereignisse kannst du Betroffene, Handelnde oder Zuschauer befragen. Du findest sie in der Familie, in der Bekanntschaft, in Parteien oder im Internet (↗ *Im Internet recherchieren*). Die Befragung muss gut vorbereitet werden. Du benötigst Grundkenntnisse des Ereignisses. Ein Zettel mit persönlichen Angaben zum Interviewpartner und einigen Leitfragen helfen dir, das Gespräch zu führen und die Informationen zu ordnen. Fotos aus der Zeit, an die sich Erinnerungen knüpfen, sind ergiebige Gesprächsanlässe. Höre konzentriert zu und frage an unklaren Stellen sofort nach. Berücksichtige immer auch, dass das Gedächtnis trügen kann. Nachfragen kann dann manchmal weiterhelfen. Nur so kannst du den Dingen auf den Grund gehen. Ein Hilfsmittel für Befragungen ist der Kassettenrecorder. Tonaufnahmen halten alles fest, was gesagt wurde. Aber du kannst in ihnen leicht „ertrinken", das heißt, du musst aus zu vielen allgemeinen Aussagen die für dein Thema wichtigen mühsam heraussuchen. Eine andere Möglichkeit ist es, Stichworte per Hand oder Laptop mitzuschreiben und erst später auszuformulieren. Dabei kann dir allerdings auch etwas entgehen. Deinen Text solltest du deinem Interviewpartner zur Überprüfung vorlegen. Beachte: Jeder Gesprächspartner kann dir nur aus seiner persönlichen Sicht berichten. Ein anderer Zeitzeuge hat vielleicht dieselben Ereignisse anders wahrgenommen. Vergleiche daher die Aussagen mit anderen ↗ *Quellen* 1.

Fachliteratur finden und nachweisen

Wenn du ein Thema gründlich erarbeiten und darüber ein Referat (↗ *Referieren*) halten sollst, benötigst du Fachliteratur. In der Bibliothek sind Bücher alphabetisch in einem Verfasser- und in einem Sachkatalog aufgelistet. Auf einer Karteikarte oder einem Bildschirm erhältst du Angaben über Verfasser, Erscheinungsort und -jahr sowie die Signatur: eine Folge von Zahlen und Buchstaben, mit denen das Werk in der Bibliothek eingetragen und leicht auffindbar ist. Findest du zu deinem Thema mehr Bücher, als du auswerten kannst, musst du einige auswählen. Prüfe anhand des Inhaltsverzeichnisses, der Einführung und/oder der Zusammenfassung, ob das Buch für dich ergiebig sein könnte. Benutze im Zweifel das neueste. Hast du ein Buch für dein Referat verwendet, nennst du es am Schluss deines Textes. So weist du nach, woher du dein Wissen hast. Also schreibe dir genau auf, welche Bücher du gelesen hast. Aussagen, die du wörtlich oder indirekt zitierst, belegst du mit Seitenangaben. So kann jeder deine Aussagen im Zusammenhang nachlesen und überprüfen. Achtung: Auch Informationen aus dem Internet musst du nachweisen!

Und so sieht eine korrekte Literaturangabe aus:

Vorname und Name des Autors

Titel

Hans-Joachim Braun, Die 101 wichtigsten Erfindungen der Weltgeschichte, München 2005

Verlagsort

Jahr der Veröffentlichung

Ein Beitrag in einem Sammelband wird so nachgewiesen:

Vorname und Name des Autors

Titel

Vornamen und Namen der Herausgeber des Sammelbandes

Manfred Gailus, Die Straße, in: Christof Dipper und Ulrich Speck (Hrsg.), 1848. Revolution in Deutschland, Frankfurt am Main und Leipzig 1998, S. 155-169

Seitenangaben

Titel des Sammelbandes

Verlagsorte

Jahr der Veröffentlichung

Manchmal findest du neue Erkenntnisse in einem Zeitschriften- oder Zeitungsaufsatz; dann zitierst du so:

Vorname und Name des Verfassers — Aufsatztitel

Stig Förster, Die Juli-Krise 1914: Wochen der Entscheidung, in: Damals. Das Magazin für Geschichte und Kultur, 36. Jg. (2004), H. 5, S. 14-19

Name der Zeitschrift — Jahrgang — Heft — Seitenan

Zitierst du mehrere Werke, solltest du die Angaben alphabetisch nach den Nachnamen der Verfasser ordnen.

Im Internet recherchieren

Recherchieren will gelernt sein: Das Schulbuch kann zu einzelnen Themen immer nur ganz wenige beispielhafte Bild- und Textquellen abdrucken. Die Arbeit mit dem Internet kann Lücken schließen helfen. Die Fülle von Informationen, die das Internet bietet, ist zugleich sein Problem. Wenn du keine speziellen Adressen hast, bist du auf Suchmaschinen angewiesen. Es kommt darauf an, mit wenigen gut ausgewählten Stichwörtern das Thema, über das du Informationen haben möchtest, eng einzukreisen, um nicht eine unübersehbar große Menge an Treffern zu bekommen, mit denen du wenig anfangen kannst. Wenn du beispielsweise etwas über die Industrialisierung Bayerns erfahren möchtest, solltest du beide Begriffe in die Suchmaschine eingeben und mit (+) bzw. (and) verbinden; interessiert dich eine bestimmte Firma, solltest du den Namen hinzufügen (*Beispiel*: Industrialisierung+Bayern+Maffei).

Mit Web-Sites kritisch umgehen: Gelangst du auf eine Homepage, solltest du dir folgende Fragen stellen, um die Zuverlässigkeit der Web-Site zu testen:

1. Welche Informationen kann ich von ihr erwarten?
2. Wer sind die Autoren, wer hat die Seite ins Netz gestellt? Kann ich mich an die Verfasser wenden, wenn ich Fragen habe (E-Mail-Adresse)?
3. Wie aktuell sind die Informationen (letztes Update)?
4. Sind die Informationen schnell oder umständlich zu finden?
5. Ist nachgewiesen, woher die Materialien stammen?
6. Gibt es Verknüpfungen (Links) zu anderen Web-Sites, die sich mit dem Thema beschäftigen, sodass ich nicht erst wieder zurück zur Eingabe in die Suchmaschine gehen muss?

Internet-Seiten als Arbeitsgrundlage nachweisen: So, wie du Bücher und Aufsätze angeben musst, die du für ein Referat verwendet hast, gehören auch die benutzten Web-Sites in die Literaturangaben. Der Leser soll wissen, woher deine Informationen stammen, damit er sie nachprüfen kann. Dies sieht z. B. so aus: *www.zlb.de/projekte/1848/* Diese Adressen sind übrigens ganz leicht anzugeben, weil sie immer am Ende einer ausgedruckten Seite erscheinen. Das gleiche Verfahren ist bei Zitaten aus Quellen oder beim Herunterladen (Download) von Grafiken und Bildern anzuwenden.

File Not Found – und dann? Bei der Suche nach einer Web-Site kommt es vor, dass sie nicht mehr besteht. Dann erscheint die Fehlermeldung „File Not Found". Jetzt hilft nur der Rückgriff auf Webarchive, die Seiten anzeigen, die es unter der ursprünglichen Adresse nicht mehr gibt: *www.google.com* (die Suchmaschine hat eine Archiv-Funktion) *www.archive.org* (das Archiv will möglichst viele Websites seit 1996 in ihrem Wandel dokumentieren).

Um eines der beiden Webarchive zu nutzen, gehst du so vor:

1. Betätige im Browser die Schaltfläche „Zurück", um zu jener Seite zu gelangen, auf der der nicht mehr funktionierende Link angezeigt wird.

2. Klicke mit der rechten Maustaste auf diesen Link. Du erhältst ein Kontextmenü.
3. Wähle in dem Kontextmenü „Verknüpfungsadresse kopieren" (Netscape) oder „Verknüpfung kopieren" (Internet-Explorer).
4. Rufe nun Google oder das Internet-Archiv auf. Du findest dort ein Texteingabefeld.
   Bei Google klickst du mit der Maus in das Texteingabefeld und betätigst dann *Strg* + *V*. Starte die Google-Suche. Du erhältst eine Seite, auf der du mit dem Link *Google Archiv-Version* die gesuchte Seite aus dem Archiv aufrufen kannst.
   Bei *Internet Archive* klickst du + mit der Maus in das Texteingabefeld, löschst den Eintrag http:// und betätigst *Strg* + *V*. Starte nun die Archiv-Suche mit „Take me Back". Du erhältst eine Tabelle, in der alle gespeicherten Versionen dieser Seite als Hyperlink aufgelistet sind.

Beachte, dass sich die Angaben im *World Wide Web* häufig ändern!

Im Archiv forschen

Vor allem für lokal- und regionalgeschichtliche Themen findest du Material im Archiv. Das ist ein Ort, an dem alte Akten, Zeitungen, Flugblätter, Protokolle, Briefe, Tagebücher, Fotos und andere Unterlagen von Behörden, Firmen, Vereinen und Privatleuten aufbewahrt werden.
Voraussetzung für die vertiefende Arbeit im Archiv sind Grundkenntnisse des Themas. Wenn du weißt, welche Aspekte du bearbeiten willst, solltest du dazu Fragen formulieren. Dann ermittelst du, welches Archiv darüber Material besitzt.
Kläre per Telefon mit den Mitarbeitern des Archivs dein Anliegen und vereinbare einen Besuchstermin. Beachte die Verhaltens- und Benutzungsregeln im Archiv. Zögere nicht, die Experten um Rat zu fragen.

Hast du das Erhoffte gefunden, mache dir umfassende Notizen – immer mit genauer Quellenangabe. Wahrscheinlich darfst du die Akten gar nicht oder nicht selbst kopieren. Auch eine Ausleihe ist nicht üblich.
Nach der Rückkehr aus dem Archiv muss das gesammelte Material gesichtet, geordnet und zu einer gegliederten, gut verständlichen Darstellung verarbeitet werden.
In Stadtarchiven lässt sich anhand von Zeitungen und anderen ↗ *Quellen* **1** zum Beispiel gut erforschen, wie die ↗ *„Machtergreifung"* **131** bei euch zu Hause ablief.

1. Verschaffe dir anhand bereits vorhandener lokalgeschichtlicher Veröffentlichungen zunächst einen Überblick.
2. Stelle fest, welche Zeitungen einzusehen sind, welche anderen Quellen (Ratsprotokolle, Polizeiberichte, Plakate, Aufrufe, Tagebücher, Fotos) vorliegen. Kläre, ob und wie du sie auswerten kannst. Prüfe, welche Dokumente du kopieren oder fotografieren (lassen) möchtest.
3. Notiere die Quellenangaben (Daten, Fundstellen, Signaturen) genau.
4. Informiere dich über die ausgewerteten Zeitungen und deren Redakteure („Schriftleiter") sowie die Verfasser der Materialien und ihren politischen Standort.

Mind-Mapping

Diese Methode eignet sich unter anderem dazu, Gedanken und Ideen in Form von Schlagwörtern übersichtlich zu sammeln, zu ordnen und zu gliedern. Damit lassen sich Projekte organisieren, Materialien merkfähig aufbereiten oder Referate (↗ *Referieren*) präsentieren. Für die handschriftlichen Notizen einer solchen „Gedankenkarte" hat sich ein querliegendes DIN A4-Blatt bewährt. Um einen zentralen Begriff in seiner Mitte werden stichwortartig passende Wörter notiert, zunächst Allgemeines an Hauptästen, danach Spezielles an Nebenästen.

Protokollieren

Wozu? Protokolle fassen die Ergebnisse von Gesprächen, Treffen oder Unterrichtsstunden sachlich, knapp und geordnet zusammen, um darauf aufbauend weiterarbeiten zu können. Protokolle verkürzen Wiederholungen, helfen bei der Vorbereitung von Prüfungen und ermöglichen es denen, die gefehlt haben, schnell den Anschluss zu finden.

Wie wird's gemacht? Als Protokollant vermerkst du Datum, Thema und die behandelten Einzelfragen. Schreibe in Stichwörtern nur Wesentliches auf. Achte auf Zusammenhänge. Thema und Argumente sind meist wichtiger als Einzelheiten und Beispiele. Möglichst bald solltest du deine Mitschrift ordnen und einen zusammenfassenden Text in berichtender Sprache schreiben. Achte darauf, kurz, themenbezogen, logisch und schwerpunktmäßig zu formulieren.

Referieren

Manchmal ist es nützlich, ein Thema zu vertiefen, beispielsweise durch ein Referat. Ausgangspunkt ist ein klar eingegrenzter Bereich, der vorgestellt werden soll.

Zunächst benötigst du einige Leitfragen, die du mit deinem Referat beantworten willst. Um dies leisten zu können, suchst du dir zum Thema Bücher und Informationen aus dem Internet (↗ *Im Internet recherchieren*). Aus ihnen schreibst du dir in Stichwörtern Antworten auf deine Fragen heraus. Anschließend formulierst du in eigenen Worten die wichtigsten Ergebnisse – falls du das Referat schriftlich vorlegst. Für einen mündlichen Kurzvortrag reichen Stichwörter, die du anhand eines kleinen Notizzettels erst zu ganzen Sätzen entwickelst, wenn du vor der Klasse stehst. Um deine Mitschüler für dein Thema zu interessieren, solltest du dir eine neugierig machende Überschrift und einen ungewöhnlichen Einstieg einfallen lassen (z. B. eine aufrüttelnde Frage, eine aktuelle Nachricht, ein besonderes Zitat oder ein interessantes Bild). Nach dem Einstieg trägst du klar gegliedert in möglichst kurzen Sätzen und verständlicher Sprache deine Ergebnisse vor. Eine knappe Gliederung an der Tafel oder auf Folie erleichtert deinen Zuhörern die Aufmerksamkeit.

Geschichte erzählen

Wer über Ereignisse sachkundig und in einem sinnvollen Zusammenhang anschaulich, lebendig und spannend berichtet, der erzählt Geschichte. Dabei stehen einzelne Daten und Fakten nicht nebeneinander, sondern sie werden mit dem Denken, Fühlen und Handeln von Menschen verknüpft. Deutlich werden dabei positive und negative Entwicklungen – beispielsweise die Folge von Entdeckungen und Erfindungen oder die Leistungen, das Scheitern und das Leiden von Menschen. So kannst du beispielsweise die Lebensgeschichte einer bekannten Person nacherzählen oder aus einer anderen Sicht als bisher schildern. Du kannst auch Fakten und Fantasie zusammenführen, indem du erzählst, wie der Alltag eines unbekannten Menschen mit einem bestimmten Beruf an einem von dir ausgewählten Ort oder Land während des Dreißigjährigen Krieges oder zur Zeit der Industrialisierung ausgesehen haben könnte. Viele Jugendbücher erzählen so Geschichte, siehe dazu den Lerntipp ↗ *Comics und Jugendbücher untersuchen.*

Eine Pro- und Kontra-Debatte führen

Eine gut vorbereitete Pro- und Kontra-Debatte kann helfen, sich eine eigene Meinung zu bilden oder sie zu überprüfen. Stegreif-Diskussionen bleiben meistens unergiebig. Sie sind nur bei aktuellen Fragen sinnvoll, über die viele etwas wissen.
Für eine Debatte ist es erforderlich, die gegensätzlichen Positionen möglichst umfassend zu erarbeiten. Ihr könnt erst debattieren, wenn ihr euch über die Probleme des Themas informiert habt.
Danach könnt ihr die Klasse in zwei Gruppen teilen und die Pro- und Kontra-Argumente jeweils strukturiert auflisten. Eine Gruppe beginnt, die andere muss jeweils antworten, bis keine neuen Argumente mehr auftauchen. Dann wird der Gesprächsleiter die Debatte beenden.
Versucht, andere von eurer Position zu überzeugen. Dabei kommt es auch auf die Vermittlung an, die Formulierungen sind also wichtig. Nennt anschauliche Beispiele, um abstrakte Aussagen zu verdeutlichen. Um zu ermitteln, ob der Austausch der Argumente Überzeugungen verändert, könnt ihr vor und nach der Debatte abstimmen und die Ergebnisse vergleichen.

Poster präsentieren

Habt ihr euch einzeln oder in der Gruppe gründlich mit einem Thema beschäftigt, könnt ihr eure Arbeitsergebnisse anschaulich als Poster oder Plakat mit Texten, Abbildungen und Grafiken präsentieren.
Üblich sind die Formate DIN A1 und A2. Euer Platz ist begrenzt. Darauf müsst ihr euch einstellen, wenn ihr den Text abfasst. Ordnet eure Ergebnisse wie in einer kurzen Zeitungsmeldung nach Wichtigkeit. Formuliert klar, genau und verständlich in kurzen, einfachen Sätzen wie in einer Inhaltsangabe. Wichtiges verdeutlicht ihr mit großen Bildern oder Schaubildern. Euer Poster bekommt einen Titel, der zur näheren Beschäftigung mit eurer Arbeit einladen und zugleich gut über die wesentlichen Ergebnisse informieren sollte. Das gilt auch für die Überschriften zu den Texten und Abbildungen. Wählt eine einheitliche Schrift in angemessener Größe, sodass sie auch aus einiger Entfernung lesbar ist. Kurze Abschnitte mit knappen Überschriften machen den Text übersichtlich! Dabei ist der Einsatz des Computers sinnvoll.
Über die Qualität eines Posters entscheidet nicht allein ein guter Text. Nur mit großen, direkt auf die Information bezogenen Abbildungen und einer für den Betrachter nachvollziehbaren Anordnung aller Teile erfüllt das Poster seinen Zweck. Gestaltet eure Poster vielfältig, übersichtlich und sauber. Achtet darauf, dass der Text den Bildanteil nicht übertrifft.

Geschichte spielen

Manche Ereignisse in der Vergangenheit verstehen wir nur schwer, weil wir uns das damalige Verhalten der Menschen nicht vorstellen können. Vielleicht ändert sich das, wenn wir eine Situation nachspielen. Wir schlüpfen in eine fremde Rolle und überlegen uns, was Personen gefühlt, gedacht, gesagt und getan haben könnten. So versetzen wir uns in die Lage anderer Menschen, in ihre Entscheidungs- und Handlungsspielräume und stellen diese für andere verständlich dar.
In einem Rollenspiel sollen Meinungen ausgetauscht werden. Ihr könnt dazu vorbereitete Dialoge sprechen. Spannend wird es, wenn ihr spontan auf eine euch vorher unbekannte Äußerung eures Partners antworten müsst. Dabei solltet ihr stets die Ausgangslage berücksichtigen, sodass das Rollenspiel glaubwürdig ausfällt.

Vorbereitung: Spielregeln festlegen, Spielleiter und Spielfläche bestimmen.

Durchführung:

1. Thema und Situation besprechen. Worum geht es? Welche Vorgaben sind zu beachten?
2. Rollen verteilen und erarbeiten. Wer ist beteiligt? Mit welchen Gefühlen, Gedanken, Argumenten, Verhaltensweisen, Zielen?
3. Beobachtungsaufträge an die Zuschauer verteilen
4. Spiel

Auswertung: Die Spieler tauschen ihre Erfahrungen aus und die Zuschauer teilen ihre Beobachtungen mit. Bei allem Eifer dürft ihr nicht vergessen: So wie ihr eine Szene aus der Geschichte spielt, hat sie sich in der Vergangenheit nicht wirklich zugetragen!

STICHWORTREGISTER

Die angegebenen Zahlen geben nicht die Seite, sondern die außen stehende Nummer an. Halbfett gedruckte Zahlen verweisen auf die ausführlichere Begriffserklärung.

WICHTIGE ABKÜRZUNGEN

APO	*Außerparlamentarische Opposition*
COMECON	*↗ RGW*
DDR	*Deutsche Demokratische Republik*
DM	*Deutsche Mark*
EAG	*Europäische Atomgemeinschaft (Euratom)*
EEA	*Einheitliche Europäische Akte*
EG	*Europäische Gemeinschaft*
EGKS	*Europäische Gemeinschaft für Kohle und Stahl (Montanunion)*
EU	*Europäische Union*
EWG	*Europäische Wirtschaftsgemeinschaft*
GATT	*General Agreement on Tariffs and Trade (Allgemeines Zoll- und Handelsabkommen)*
Gestapo	*Geheime Staatspolizei*
GG	*Grundgesetz für die Bundesrepublik Deutschland*
GUS	*Gemeinschaft Unabhängiger Staaten*
IM	*Inoffizieller Mitarbeiter des ↗ MfS*
IWF	*Internationaler Währungsfonds*
KSZE	*Konferenz über Sicherheit und Zusammenarbeit in Europa*
KZ	*Konzentrationslager*
MfS	*Ministerium für Staatssicherheit*
NATO	*North Atlantic Treaty Organization (Nordatlantische Verteidigungsgemeinschaft)*
NGO	*Non Government Organization (Nichtregierungsorganisation)*
NS	*Nationalsozialismus*
OECD	*Organization for Economic Cooperation and Development (Organisation für wirtschaftliche Zusammenarbeit und Entwicklung)*
OEEC	*Organization for European Economic Cooperation (Organisation für Europäische Wirtschaftliche Zusammenarbeit)*
OPEC	*Organization of Petroleum Exporting Countries (Organisation erdölexportierender Länder)*
OSZE	*Organisation für Sicherheit und Zusammenarbeit in Europa*
RGW	*Rat für Gegenseitige Wirtschaftshilfe; auch COMECON (Council for Mutual Economic Assistance)*
SA	*Sturmabteilung*
SALT	*Strategic Arms Limitation Talks (Verhandlungen über die Beschränkung strategischer Nuklearwaffen)*
SBZ	*Sowjetische Besatzungszone*
SEATO	*South-East-Asia Treaty Organization (Südostasien-Pakt)*
SMAD	*Sowjetische Militäradministration in Deutschland*
SS	*Schutzstaffel*
START	*Strategic Arms Reduction Talks (Verhandlungen über den Abbau strategischer Rüstungssysteme)*
Stasi	*Staatssicherheitsdienst*
UdSSR	*Union der Sozialistischen Sowjetrepubliken*
UNO	*United Nations Organization (Vereinte Nationen)*
USA	*United States of America (Vereinigte Staaten von Amerika)*
WTO	*World Trade Organization (Welthandelsorganisation)*
WVO	*Warschauer Vertragsorganisation (Warschauer Pakt)*

NÜTZLICHE INTERNETTIPPS

Übergreifende Angebote und Linklisten

www.geschichte.fb15.uni-dortmund.de/links/
Linkkatalog zur Geschichtswissenschaft

www.historicum.net/
Ein Epochen übergreifendes Angebot für die Geschichtswissenschaft

www.hdg.de
Haus der Geschichte der Bundesrepublik Deutschland – Tipps zu virtuellen Ausstellungen

Angebote zu bestimmten Epochen und Themen

www.kirke.hu-berlin.de/vl/vlagdt.html
Linkliste zum Altertum

www.hdg.de/eurovisionen/index.html
Virtuelle Reise in die europäische Geschichte von der Antike bis zur Gegenwart

www.mittelalter.uni-tuebingen.de/?q=links/links.htm
Links zur mittelalterlichen Geschichte

www.uni-muenster.de/FNZ-Online/Welcome.html
Einführung in die Geschichte der Frühen Neuzeit

www.dhm.de/lemo
Lebendiges virtuelles Museum Online – Infos und Materialien zur deutschen Geschichte von 1871 bis zur Gegenwart

www.deutschegeschichten.de/
Infos, Zeitzeugenberichte und viele andere Materialien zur deutschen Geschichte von 1890 bis zur Gegenwart von der Bundeszentrale für politische Bildung

Dokumente und Materialien

www.verfassungen.de
Gegenwärtige und historische Verfassungstexte aus aller Welt

www.documentarchiv.de/
Dokumentensammlung zur deutschen Geschichte ab 1800

www.ns-archiv.de
Dokumente zum Nationalsozialismus

Links zur Geschichte Bayerns

www.hdbg.de
Homepage des Hauses der Bayerischen Geschichte mit weiterführenden Links

www.geschichte-bayerns.de/
Einrichtungen, die die Geschichte Bayerns erforschen

www.uni-regensburg.de/Fakultaeten/phil_Fak_III/Geschichte/Bayern.html
Materialien zur bayerischen Landesgeschichte

VOM OSTFRÄNKISCHEN REICH BIS ZUR BUNDESREPUBLIK DEUTSCHLAND

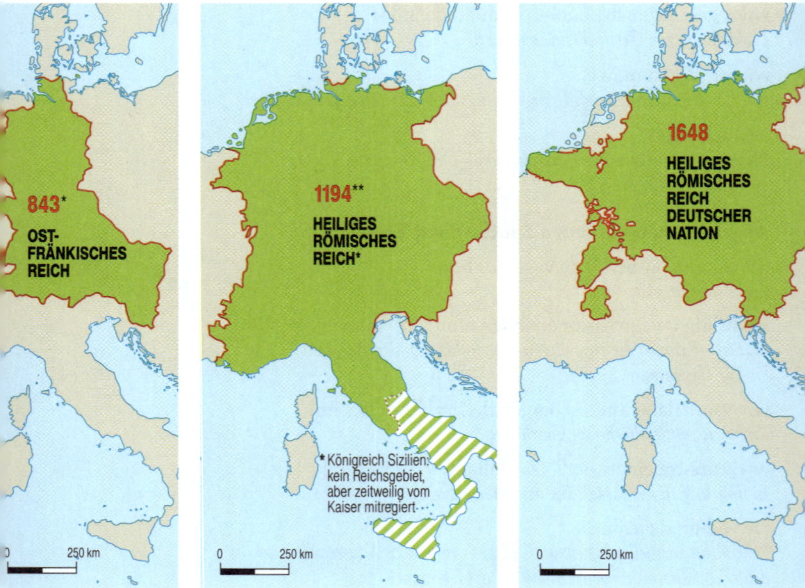

* *Vertrag von Verdun (843):* Teilung des Frankenreichs zwischen *Lothar,* der das Mittelreich mit Italien übernimmt, *Ludwig dem Deutschen,* der das Ostfränkisches Reich erhält und *Karl dem Kahlen,* der das Westfränkische Reich bekommt. Der Vertrag schafft die Voraussetzung für die Entwicklung des deutschen und des französischen Volkes.

** *Kaiser Heinrich VI. wird 1194 in Palermo zum König von Sizilien gekrönt.* Er regiert damit über das „Heilige Römische Reich" und das Königreich Sizilien. „Heiliges Römisches Reich" ist die Bezeichnung für das im 10. Jh. entstandene deutsche Reich. Es stellt den Herrschaftsbereich der abendländischen ↗ *Kaiser* **49** und der ihnen verbundenen Reichsterritorien dar. Von den anderen Reichen wie Frankreich unterscheidet es sich dadurch, dass dessen Herrscher sich als Nachfolger der römischen Kaiser und als Schutzherren der römisch-katholischen Kirche verstehen. In den Quellen finden wir erst seit dem 11./12. Jh. die Bezeichnung „Reich der Deutschen" (lat. *Regnum Teutonic[or]um*). Die Bezeichnung „Heiliges Reich" (lat. *Sacrum Imperium*) ist seit Mitte des 13. Jh. nachweisbar. Ende des 15. Jh. setzt sich für die deutschen Teile der von den habsburgischen Kaisern regierten Gebiete die Bezeichnung „Heiliges Römisches Reich Deutscher Nation" durch.

*** Deutschland nach dem ↗ *Vertrag von Versailles* (**113**).

**** Das Saarland stand nach dem Zweiten Weltkrieg zunächst unter französischer Verwaltung und wurde erst nach dem deutsch-französischen Vertrag vom 27. Okt. 1956 ab 1. Januar 1957 in die Bundesrepublik Deutschland eingegliedert.